Krischan H. G. Johannsen

Da Sein

Krischan H. G. Johannsen

Da Sein

Heilsame Geschichten für Erwachsene

Bibliografische Information der Deutschen Nationalbibliothek

Die Deutsche Nationalbibliothek verzeichnet diese Publikation in der Deutschen Nationalbibliografie; detaillierte bibliografische Daten sind im Internet über http://dnb.d-nb.de abrufbar.

ISBN 978-3-940259-05-9

Nikolausstraße 2, 70190 Stuttgart

www.schweikert-bonn-verlag.de

Herstellung, Layout & Satz: Georgia Zechlin, Esslingen

Grafiken: Sarah Gottschling, Wolnzach

Druck: Schaltungsdienst Lange, Berlin

Für den Druck des Buches wurde chlor- und säurefreies Papier verwendet.

Vorwort

Hat Sie auch schon einmal eine Geschichte so bewegt, dass ein Bild, eine Textstelle Sie lang begleitet hat? Wissen Sie noch, wie das ist, innerlich von einer Erzählung gepackt zu werden?

Im Lauf meines Lebens habe ich die verschiedensten Berufe ausgeübt. Ich hatte dabei viel mit Menschen in schwierigen Lebenssituationen zu tun. Ob es nun Kranke in der Klinik waren, Alte und Sterbende in einer Kirchengemeinde, bettelarme Menschen in afrikanischen Krisenregionen – immer wieder erzählten mir Menschen ihre Geschichte.

Auch in meiner jetzigen Tätigkeit als freier Berater und als Mitarbeiter einer Beratungseinrichtung höre ich Geschichten. Geschichten von Menschen, die sich wie im Hamsterrad in immer gleichen Kreisen um ihre Themen drehen müssen und unendlich darunter leiden, dass das Leben sie offensichtlich immer noch nicht zu dem werden lässt, was ihrer tiefsten Sehnsucht entspricht.

Oft sieht es so aus, als könnten wir nichts anderes tun, als immer wieder denselben Fehler zu wiederholen, derselben Sehnsucht zu folgen, dasselbe Problem zu wälzen. Hin und wieder aber geschieht doch eine positive Veränderung. Meist können wir nicht genau sagen, was die Veränderung hervorgebracht hat – aber irgendetwas hat uns aussteigen lassen aus den festgefahrenen Denkstrukturen und Lebensbahnen.

Heilung braucht ganz offensichtlich Veränderung.

Damit Heilung geschehen kann, muss an irgendeiner kleinen Stelle in uns die Möglichkeit zur Veränderung beginnen, wachsen, Kraft gewinnen.

Geschichten können genau diese kleine Veränderung bewirken. Gute Geschichten sind kondensierte Erfahrungen. Aus Bildworten in den Geschichten und aus Worten, die beim Hören unser Inneres zu berühren vermögen, entstehen eigene innere Bilder und Modelle, die wir, oft unbewusst, nutzen, um Fragen zu beantworten, die uns in unserem Leben begegnen. Werden diese Modelle in die eigenen Erfahrungen eingeordnet, können neue, bisher ungewohnte Lösungen und Entscheidungen möglich werden. Geschichten helfen uns, neue Wege zu gehen – wenn wir wollen.

Die Texte in diesem Band sind alle aus meiner Arbeit entstanden. Manchmal, wenn ich mit jemandem in der Beratung sitze, höre ich mich sagen: »Magst Du eine Geschichte hören?« Dann erzählt sich die-se Geschichte aus mir heraus: Sie weiß mehr als ich und kennt den Schmerz, den zu achten und loszulassen es gilt, genauer als ich. Oft war ich ähnlich überrascht beim ersten Erzählen wie meine Zuhörer.

Zu aufgeschriebenen Texten wurden die Geschichten erst nach vielen weiteren Tests mit anderen.

Lassen Sie die Geschichten auf sich wirken – am besten, indem Sie sie laut lesen oder sich vorlesen lassen. Die Texte sind fürs laute Lesen gemacht – so wie man früher las – und so wie bis heute überall auf der Welt Geschichten erzählt werden.

Die Geschichten haben eine kleine Rahmenhandlung. Es gibt immer einen »alten Mann«, der vor allem gut zuhört und aus dem Zuhören heraus seine Geschichten entwickelt. Der alte Mann – der im Übrigen auch genauso gut eine alte Frau sein könnte – soll daran erinnern, dass es sich lohnt, die Erfahrungen der Alten zu achten und ihren riesigen Schatz an Geschichten zu heben.

Für wen ist dieses Buch gedacht?

Offensichtlich ist es ein Buch für Sie. Sonst hätten Sie einander nicht gefunden. Ich weiß aus der Erfahrung mit den Texten, daß sie ganz unterschiedlich gehört werden. Für die einen sind die Texte schöne

Märchen. Andere entdecken darin Hinweise auf eine Frage, die sie schon lange bewegt. Manche fühlen sich auf freundliche Weise ertappt. Wieder andere endecken darin eine tiefere, spirituelle Ebene. All das ist richtig. Es gibt beim Hören der Geschichten kein Richtig und kein Falsch. Die Welt entsteht beim Erzählen von Geschichten. Die Wahrheit ebenso. Es ist Ihre Wahrheit und Ihre Geschichte. Die Zeichnungen, welche die gerade 22 Jahre alte junge wunderbare Künstlerin Sarah Gottschling aus Wolnzach bei Ingolstadt beigetragen hat zeigen, wie sie die Geschichten versteht – lassen Sie sich davon einladen, nach Ihren eigenen Deutungen zu suchen.

Das Titelbild ist ein Symbol aus einer antiken afrikanischen Schrift: Es bedeutet: Geist, Charisma; Führerschaft. Ich habe es vor Jahren als mein persönliches Logo gewählt.

Lassen Sie sich berühren.

Krischan Johannsen, Waldenbuch

Inhalt

Der alte Mann und seine Frau

Es lebte einmal ein Mann, der war mit den Jahren immer grauhaariger und fröhlicher geworden. Er war im Herzen fröhlich, denn er hatte viele Jahre seines Lebens nur einer einzigen Aufgabe gewidmet. Die Aufgabe hatte ihm das Leben gestellt und er hatte sie gerne angenommen: Er hatte sich beständig darin geübt, die Menschen zu lieben. Das war wahrhaftig keine leichte Aufgabe gewesen und der alte Mann lernte immer noch jeden Tag Neues dazu.

Der alte Mann lebte in einem kleinen Haus aus Stein und Holz am Waldrand. Eine Wiese mit Obstbäumen erstreckte sich hinter dem Haus. Dort saß der alte Mann auf einer Bank, wann immer es das Wetter zuließ. War es aber kalt und nass, saß er drinnen in der Stube am Tisch und hörte im Winter wohl auch den brennenden Holzscheiten zu, wie sie im Kachelofen Geschichten erzählten.

Mit ihm lebte die Frau, die er liebte. Die war ebenso alt und grau wie er. Manchmal saß sie bei ihm und las. Gerne ging sie hinaus, um Bilder zu malen oder sie tanzte und redete mit Freunden dem Morgen entgegen.

Beide genossen dieses Leben und sich selbst jeden Tag aufs Neue, denn sie wussten wohl, dass das Leben für die meisten Menschen und die meiste Zeit nicht viel mit kleinen Häusern am Wald und Holzbänken am Kachelofen zu tun hat. Auch sie hatten anderes gesehen und erlebt. Hass, Not, Trennung und die vielen Formen des Krieges zwischen den Menschen waren ihnen nicht fremd. Sie wussten beide um die Kostbarkeit des Friedens, den Wert der Freiheit, den Schatz der Freude. All dies genossen sie in ihrem Haus. Damit Friede und Freiheit und Freude im Hause blieben, luden sie gerne Menschen zu sich ein.

Der alte Mann ging selten aus. Wenn er es tat, sahen die Menschen – wenn sie ihn überhaupt einmal wahrnahmen – einen freundlichen älteren Herren, der die Dinge mit jener Bedachtsamkeit tat, wie sie so vielen alten Menschen zu eigen wird. Jeder Sache gab er behutsam ihren besonderen Wert zurück. Nur, wer ihm in die Augen sah, entdeckte darin eine Freude und Jugend, wie man sie selten trifft. Der Mann hatte die staunenden Augen eines Kindes.

Wenn er zu Hause war, hatte er oft Besuch. Die Leute kamen gerne zu ihm. Sie setzten sich zu ihm, erzählten von sich und ihrem Leben. Der alte Mann saß da und hörte ihnen zu.

Aber wie er zuhörte! Im Zuhören war er wie ein Kind. Er sah in das Gesicht der Erzählenden, er sah die Hände, die Füße, den Atem, er hörte sich tief hinein in die Herzen der Menschen. Es war, als fühlte er wie sie, röche wie sie, schmeckte wie sie schmeckten. So hörte der alte Mann mit seinem ganzen Wesen zu.

Viele kamen, um Geschichten zu hören. Der alte Mann liebte es, den Menschen jene Geschichten zu erzählen, die ihm für sie und gerade für sie einfielen. Für jeden eine andere.

Vom rechten Ort

Einmal kam zum alten Mann ein schöner, jugendlicher Mann. Dunkel, schmalgliedrig wie eine Frau, asketisch schlank mit sanftem Gang, mit Augen, die glühend dunkle Fragen stellten.

Der junge Mann saß lange und schwieg mit dem Alten. Er war einer, der schon als Kind immer anders gewesen war. Einer, der schon oft ein Zuhause gehabt hatte, ohne je das richtige Zuhause gefunden zu haben.

Einer der früh fortgezogen war von den Eltern, um seinen Platz zu suchen. Einer der immer noch reiste und suchte. Einer, der viele Länder kannte und viel vom Leben verstand.

Tiefe Traurigkeit und große Kraft strömten aus dem jungen Mann. Er war krank. Heimwehkrank.

Der alte Mann saß und sah.
Er sah genau und hörte.
Er hörte genau und fühlte.
Er fühlte genau und roch.
Er roch genau und schmeckte.
Er hörte, wie es seine Art war zu hören.
Er hörte, saß lange und schwieg.

Dann nickte der alte Mann freundlich und begann, eine kleine Geschichte zu erzählen:

Es lebte einmal vor langer Zeit in einer kleinen Stadt ein Junge. Er sah aus wie alle anderen Kinder, aber er mochte nicht mit ihnen spielen. Lieber saß er am Flussufer und sah dem Wasser beim Fließen zu. Er malte gerne und sang, wenn ihm niemand zuhörte, kleine selbsterfundene Lieder vor sich hin.

Als er älter wurde, hatte er nur wenige Freunde. Er steckte die meiste Zeit die Nase in Bücher, für die er eigentlich viel zu jung war und fiel im Religionsunterricht durch seine merkwürdigen Ideen über die Welt auf.

Der Junge träumte viel. Mal war er ein Reicher, der alles Elend der Welt beseitigen konnte, mal ein Retter, mal ein berühmter Dichter, mal ein Schauspieler, mal ein Arzt oder ein Mönch. Niemand kannte seine Träume außer ihm und dem Fluss, dem er alles erzählte.

Seine Eltern bemühten sich nach Kräften darum, ihm gute Eltern zu sein. Er lebte dennoch in der Familie, als sei er ein Gast auf der Durchreise.

Er beendete die Schule, ohne besonders aufzufallen und als sein letzter Schultag vorüber war, hatten ihn die meisten Lehrer und Lehrerinnen bereits vergessen.

Ähnlich erging es ihm an der Universität. Er studierte, ohne sonderlich aufzufallen, eines jener brotlosen Fächer, aus denen man später entweder eine steile Karriere aufbaut oder im Zweitstudium, in der Ehe, oder in langwierigen Geldsorgen landet.

Er fiel nicht auf, machte seine Prüfungen mal rechtzeitig, mal mit einiger Verspätung und niemand sah die schweren Kämpfe, die er in den Arenen seiner Seelenlandschaften auskämpfte.

Nach dem Studium fand er gerade genug Arbeiten, um zu überleben, ohne seine Eltern um Hilfe bitten zu müssen. Er war viel im Ausland, in Asien, in Afrika. Er lebte mit den Menschen und fühlte manchmal für kurze Momente – oft in den ärmsten Hütten – was Glück sein könnte. Er lebte mit den Menschen, so gut er konnte, im täglichen Umgang mit der bedrohlichen, Leben schenkenden Natur. Erlebte wie sie die Macht des Todes und die Kraft neuen Lebens; rieb sich auf im Bemühen, immer mehr zu erfassen und tiefer einzudringen in das Geheimnis des Überlebens. Dennoch blieb er ein Fremder, ein Gast.

Seine Familie war ihm fremd geworden, und er war ihnen fremd. Alle waren froh, wenn er nicht da war. Sie konnten nichts miteinander anfangen. Der Vater war hilflos wütend über den ständigen leichten Schleier von Traurigkeit, der den jungen Mann umwehte.

Der junge Mann wurde krank, kämpfte sich durch lange Monate in Krankenhäusern und Kurheimen.

Sobald er wieder gesund war, zog es ihn wieder hinaus.

Er lebte mit einer Frau, die ihn nicht verstand und blieb doch lange bei ihr, weil sie ihn einmal behutsam in die Arme genommen hatte. Als die Erinnerung an diese Umarmung verblasste, ging er fort.

Er traf eine andere Frau und hätte sie gerne geliebt. Sie fragte ihn: »Was suchst du?« »Ich suche«, sagte der junge Mann, »den richtigen Ort.« »Und was willst Du dort tun?« »Das ist der Ort, an dem ich mein Bestes geben kann.«

»Was ist das, Dein Bestes?«, wollte die Frau wissen. Der junge Mann dachte sehr lange nach. Schweigend saß er, bis die Sonne untergegangen war. Dann sagte er leise: »Mein Bestes ist meine Liebe.«

Da fragte die Frau: »Liebst Du Dich?« Der junge Mann schaute sie erstaunt an. »Ob ich mich liebe, willst Du wissen?« »Nein«, sagte die Frau, »nicht ich will es wissen, Du musst es wissen!«

Da begann der junge Mann zu weinen. Er weinte wie ein Mann. Er weinte wie ein Kind. Er weinte wie eine Frau. Er weinte wie ein Mensch.

Nach einiger Zeit schlief er erschöpft ein. Die Frau deckte ihn behutsam zu. Sie legte in seine linke Hand ein Stück Ebenholz. In seine Rechte legte sie ein Plüschtier, wie es die Kinder haben. Sanft strich sie heilendes Öl auf seine geschlossenen Augen und die Stirn und ging hinaus.

Der junge Mann träumte. Er sah sich als trauriges Kind mit seinen Eltern. Er hörte sich fragen: »Habt Ihr mich lieb?« Sie blieben stumm.

Er sah sich als verunsicherten Jugendlichen mit der Familie, mit Schulkameraden, mit Lehrern. Er fragte: »Habt Ihr mich lieb?« Sie blieben stumm.

Er sah sich als jungen Studenten mit den Menschen, die um ihn waren. Wieder stellte er dieselbe Frage. Wieder bekam er keine Antwort.

Er sah sich selbst vor dem Spiegel stehen und sich fragen: »Hast Du mich lieb?« Und er blieb stumm.

Fest drückte der Schlafende das Holz und das Plüschtier an sich. Noch einmal träumte er dasselbe. Wieder blieben die Eltern, die Kameraden, die Lehrer stumm, sie hoben die Hände in hilflosen Gesten der Verlegenheit.

Als er sich selbst im Spiegel stehen sah und fragte: »Hast Du mich lieb?«, antwortete das Spiegelbild: »Ja, ich liebe Dich.«

Der junge Mann sah sich jetzt als Kind vor dem Spiegel stehen. Aus dem Spiegel sagte er als Erwachsener: »Ich liebe Dich.«

Er sah sich als Jugendlichen. Der Mann im Spiegel sagte: »Ich liebe Dich.«

Er sah sich als Mann. Der Spiegel sagte: »Ich liebe Dich. Du bist stark und Du bist sanft. Du bist ein wunderbarer Mensch. Es ist gut, dass Du bist.«

Der junge Mann schlief lange nach diesem Traum. Als er erwachte, sah er die Gegenstände in seinen Händen und erinnerte sich an seinen Traum.

Er ging zu der Frau, die schweigend auf ihn wartete. »Mein Bestes«, sagte er, »ist, mich selbst zu lieben.«

»Es ist gut«, sagte sie. »Geh' und lerne, Dich selbst zu lieben. Dann ist es nicht mehr schwer, den richtigen Ort zu finden. Hab keine Angst. Du wirst es können. Du hast alles, was Du dazu brauchst. Vor allem aber hast Du die Kraft Deiner Liebe in Dir. Das Holz nimm mit als Erinnerung an Deine Stärke. Das Plüschtier nimm mit als Erinnerung an Deine Zärtlichkeit. Vielleicht können Dir diese Gegenstände Wegmarken sein.«

Der junge Mann ging fort und suchte sich seine Lösung für diese schwierige Aufgabe. Aus Trauer und Angst, aus Wut und Kraft, aus Gespräch und langer Stille fand er seinen Weg. Er lernte, das Kind in sich zu lieben, den Jugendlichen, den Studenten, den erwachsenen Mann.

Eines Tages merkte er, dass er nicht mehr nach dem rechten Ort suchen musste.

Er war angekommen.

Der Zauberspiegel

Einmal kam zum alten Mann eine Frau, die gehörte zu denen, die immer alles richtig machen müssen. Sie war eine gute Wissenschaftlerin und fand in ihrem Beruf viel Anerkennung. Für ihren Erfolg hatte sie hart gearbeitet. Sie war eine gute, liebevolle Mutter und ihrem Mann eine aufmerksame Freundin und Gefährtin. Sie lebte mit ihrer Familie in einer schönen Wohnung am Stadtrand.

Weil sie nun aber zu den Menschen gehörte, die immer alles richtig machen müssen und noch ein wenig richtiger als andere, war sie nicht selten müde und angestrengt. Oft, wenn sie abends todmüde ins Bett fiel, schlief sie sofort ein, nur um nach wenigen Stunden doch wieder hellwach in den Kissen zu liegen, weil ihre Gedanken sie nicht zur Ruhe kommen ließen. So viel gab es noch zu tun, zu viel war unerledigt. Morgens versuchte sie, sich nichts von der durchwachten Nacht anmerken zu lassen, schminkte sich ein wenig mehr als sonst und lächelte freundlich in die Welt.

Das erzählte sie dem alten Mann. Sie lächelte, während sie sprach und ordnete nebenher den Blumenstrauß, den sie mitgebracht hatte.

Der alte Mann saß und sah.
Er sah genau und hörte.
Er hörte genau und fühlte.
Er fühlte genau und roch.
Er roch genau und schmeckte.
Er hörte, wie es seine Art war zu hören.
Er hörte, saß lange und schwieg.

Dann begann er zu erzählen:

Es lebte einmal vorzeiten, als die Bäche noch flossen wie sie wollten und das Pulver noch nicht erfunden war, ein kleines Mädchen. Dieses Mädchen war so schön wie der anbrechende Tag und hatte Augen, die strahlten so hell, wie die Sterne durch die Löcher im schwarzen Himmelstuch leuchten. Die Eltern hatten das Kind recht von Herzen lieb und ließen ihm alle gute Pflege angedeihen, so wie sie es wussten. Der Vater des Mädchens war aber ein Händler. Er wünschte sich, dass sein Kind nicht nur schön, sondern auch klug und fleißig sein sollte.

Immer, wenn er von seinen langen Reisen in die Welt zurückkam, brachte er dem Mädchen ein kleines Geschenk mit. Er nahm dann wohl sein Kind zu sich in die gute Stube, hieß sie auf einen Schemel neben seinem Sessel sitzen und fragte sie aus, was sie so alles gelernt und getan hatte.

Das Kind erzählte es ihm gerne, denn wenn sie geendet hatte und der Vater zufrieden war, berichtete auch er von seiner Reise und gab ihr dann das Geschenk. Manchmal war das eine Puppe aus Holz, ein kleines bemaltes Kästchen, ein bunter Glasstein. Das Mädchen freute sich sehr darüber und hütete die Geschenke wie Schätze.

Einmal nun, das Kind mochte etwa acht Jahre alt gewesen sein, kaufte der Vater nach einem besonders erfolgreichen Geschäft für seine Tochter einen herrlichen Spiegel. Der Preis war nicht hoch für das schöne Stück und er war stolz auf seine Errungenschaft.

Wie konnte er denn wissen, dass der Spiegel ein Zauberspiegel und sein Verkäufer ein gefürchteter böser Zauberer war?

Zu Hause angekommen schenkte er den Spiegel feierlich seiner Tochter. »Weißt Du, mein Kind«, sagte er, »Du kommst jetzt so langsam in das Alter, wo Du eine kleine Dame wirst. Da wird Dir der Spiegel gute Dienste leisten.«

Das Kind freute sich sehr und war überglücklich über das wertvolle Geschenk des Vaters. Der Spiegel wurde sogleich in ihrer Kammer befestigt.

Wie es nun am nächsten Morgen in den Spiegel sah – wie erschrak das kleine Mädchen da. Es war plötzlich krumm und hässlich und überhaupt nicht schön anzusehen! Das Mädchen wusch sich das Gesicht mit klarem Wasser. Es nützte nichts. Schnell nahm es Kamm und Bürste und kämmte sich. Noch immer sah es nicht hübsch genug aus. Was war geschehen, was sollte es tun? So hässlich konnte das Kind doch niemandem unter die Augen treten.

Schließlich war es aber doch so hungrig, dass es sich hinausschlich, um in der Küche etwas zu essen. Niemand schien ihre Veränderung zu bemerken. Alle waren freundlich wie immer. Das Kind wunderte sich. Die Magd wusste, wie gerne das Kind stickte und gab ihm ein paar Taschentücher mit der Bitte, doch für sie feine Monogramme einzusticken, weil sie bald die Frau des Knechts werden sollte und noch keine rechte Aussteuer hatte. Das kleine Mädchen war dankbar für diese Aufgabe und ging schnell in sein Zimmer zurück. Es wagte nicht, in den Spiegel zu sehen. Still setzte es sich ans Fenster und begann mit der Arbeit. Schließlich musste es aber doch noch einmal in den Spiegel blicken.

Was sah das Kind da? Es war schön und strahlend wie der aufgehende Tag! Schnell sprang es auf, legte das Stickzeug zur Seite, und wollte sich genauer betrachten. Da war es wieder hässlich. Was war das? Es nahm das Stickzeug wieder in die Hand. Da war es wieder schön. Das war ein merkwürdiger Spiegel!

Immer, wenn das Mädchen eine Arbeit machte und dabei in den Spiegel schaute, war es schön. Wenn es aber keine Arbeit in der Hand hatte, oder einmal nichts tat, oder etwas tat, was nur ihm ganz allein gefiel, zeigte es der Spiegel so hässlich wie eine alte Hexe.

Weil das Mädchen aber gerne schön sein wollte, gewöhnte es sich daran, immer und überall eine Arbeit zu tun. Es saß über seinen Büchern und lernte, es stickte und häkelte, es putzte und kochte, half dem Vater, wo immer es konnte.

»Wie schön sie ist«, sagten die Leute hinter dem Mädchen her, »und wie fleißig.« Das Mädchen gewöhnte sich daran. Es wurde älter und wuchs zu einer schönen jungen Frau heran.

Sie arbeitete immer noch hart und war bald als eine zuverlässige Helferin überall geschätzt. Sie freute sich über das Lob und war glücklich, ihrem Vater durch ihre Arbeit viel Freude zu machen.

Niemand kannte ihr Geheimnis. Niemand wusste, dass sie so gerne einmal ausgeruht hätte. So gerne würde sie einmal auf einer Sommerwiese liegen und nichts tun, als den Wolken beim Fliegen zusehen, das Gras wachsen hören und sich von einem Schmetterling küssen lassen. So gerne würde sie einmal in ihrem Zimmer sitzen und sich von einem jungen Mann schöne Gedichte aufsagen lassen, während eine Freundin ihr die langen Haare kämmte. So gerne würde sie im Winter mit dem Pferdeschlitten durch verschneite Wälder stieben zu keinem anderen Zweck, als sich zu vergnügen und hinterher bei heißem Holundersaft auf der Ofenbank zu sitzen und die kalten Füße zu wärmen.

Niemals wagte sie, so etwas zu tun. Denn immer, wenn sie einmal nachließ in ihrer Arbeit, zeigte sie der Spiegel als Hexe. Sie hielt den Spiegel jetzt gut versteckt, denn sie hatte Angst, dass andere es sehen würden oder gar sie in ihrer Hässlichkeit erkennen würden. Insgeheim wartete sie ohnehin auf den Tag, da alle auf sie zeigen würden und ausrufen: »Seht nur, wie hässlich sie ist, die Alte!«

Aus dem Mädchen wurde eine junge Frau. Der Vater fand ihr einen guten Mann. Dem gebar sie eine Tochter.

Ihr Mann war ein fleißiger, rechtschaffener Handwerker, der es dank seiner eigenen Arbeit und vor allem dank ihrer Hilfe bald zu einigem Wohlstand brachte. Die Frau ruhte und rastete nicht. Des Morgens war sie die erste, die aus den Federn schlüpfte, um allen, auch dem Gesinde, das Frühstück zu bereiten. Des Abends war sie die letzte, die das Flickzeug aus der Hand legte und müde in die Federn sank. Das Kind wuchs und gedieh prächtig, der Mann war zufrieden und die Kundschaft wollte nicht aufhören, die blitzsaubere Werkstatt, das schöne Haus und die Familie zu loben.

»Als ob Eure Frau niemals aufhören könnte zu arbeiten!«, sagten sie. Der Mann und auch der Vater der Frau waren stolz und glücklich, wenn sie dies hörten.

Auch die Frau freute sich ein wenig. Noch immer kannte niemand das Geheimnis des Spiegels. Sie arbeitete und arbeitete, dass niemand ihre vermeintliche Hässlichkeit sah.

Alles wäre zum Besten gewesen, wenn nicht eines Tages die schöne junge Mutter mitten über einer Arbeit weinend zusammengebrochen wäre. Man trug sie in ihre Kammer, wo sie alsbald in einen tiefen, todähnlichen Schlaf verfiel.

Was war nur geschehen? Keiner der herbeigerufenen Ärzte konnte das verstehen. Sie purgierten und klistierten, sie ließen zur Ader und flößten der Kranken alle möglichen Säfte ein. Nichts wollte helfen. Sie lag wie tot und schlief.

Manchmal, im Schlaf, weinte sie oder rief um Hilfe. Der Pfarrer vermutete einen bösen Geist und wollte schon eine Teufelsaustreibung beginnen.

Da kam eines Tages eine Fremde in die Werkstatt des Mannes. »Ihr seht so traurig aus. Was ist Euch, guter Mann?«, fragte die Fremde.

»Ach wisst Ihr, meine gute, fleißige, schöne Frau ist plötzlich aus heiterem Himmel in einen tiefen Schlaf gefallen, aus dem sie nicht mehr aufwachen will. Mein Kind und ich sind schon ganz verzweifelt, weil niemand helfen kann.«

»Wollt Ihr mich zur Kranken lassen?«, fragte die Fremde freundlich. Der Mann dachte bei sich, dass das wohl nicht schaden könne und führte sie in die Kammer der Kranken.

Lange saß die Fremde – die eine gute Fee war – am Bett der Kranken. Erst sah sie dabei aus wie deren Schwester. Je länger sie saß, desto ähnlicher wurde sie der Kranken. Endlich war sie ihr ganz gleich. Der Mann stand dabei und wusste nicht, ob er sich fürchten oder vertrauen sollte.

Die Fee streckte die Hand aus und legte sacht die Finger auf die geschlossenen Augen der Schlafenden. Dann stand sie auf und öffnete ohne zu fragen die Schranktür. Dort hing der Zauberspiegel.

Schnell nahm sie ihn ab und drehte ihn um, sodass jetzt der untere Teil nach oben zeigte. So hängte sie ihn wieder auf. Sie nahm eine Flasche zur Hand, die sie bei sich getragen hatte und wusch den Spiegel mit reinem Wasser. Sofort wurde der Raum viel heller, als ob tausend Kerzen angezündet wären.

Dann öffnete sie weit das Fenster.

Sie drehte sich zu dem Mann um. »Erschrick nun nicht über das, was gleich geschieht. Es ist zu Deinem und ihrem Besten. Deine Frau und ich, wir werden für drei Tage fortgehen. Am dritten Tage aber, um die gleiche Stunde, komm wieder in diesen Raum, den so lange niemand betreten darf.

Wenn Du kommst, bringe Deiner Frau einen Strauß der schönsten Blumen, die Du finden kannst. Schicke alle Deine Leute weg. Sag ihnen,

Du müsstest einen Festtag feiern. Kauf' Kuchen. Kauf' Wein. Und bring' vom Lehrer den Band mit den Liebesgedichten mit. Dann zieh' Dein Festtagsgewand an und komm wieder mit all den Dingen zurück.«

Der Mann war zu verdutzt, um zu fragen.

Die Fremde beugte sich über das Bett und flüsterte der Kranken etwas ins Ohr. Da stand diese auf wie eine Schlafwandlerin. Die Fremde nahm sie bei der Hand, breitete die Arme aus und wie mit Engelsflügeln flogen beide davon.

Der Mann war erschüttert, verwundert und voller Angst. Aber er tat alles, wie ihn die Fremde geheißen hatte. Zu niemandem sprach er ein Wort über das, was in der Kammer geschehen war.

Genau nach drei Tagen, um dieselbe Stunde, trat er wieder in die Kammer seiner Frau. Die Fremde war da. Sie strahlte wie die Sonne. Der Raum duftete wie Rosen und Jasmin. Seine Frau lag schlafend im Bett. Der Mann wollte auf seine Frau zugehen, doch die Fremde hielt ihn zurück.

»Liebst Du Deine Frau?«, fragte sie. »Ja, das tue ich.«

»Liebst Du sie auch, wenn sie alt und hässlich und krank ist und nicht arbeiten kann?« »Ja, das tue ich.«

»Willst Du ihr das in Zukunft jeden Tag einmal sagen?« Der Mann lachte. »Das will ich gerne tun. Aber weiß sie das denn nicht?«

Da öffnete die Frau die Augen und lächelte ihn an. »Nein, das wusste ich nicht, und jetzt will ich es bitte von Dir jeden Tag einmal hören, dass ich es nicht vergesse.« Sie setzte sich auf und umarmte ihren Mann voller Glück.

Jetzt kamen dem Mann die Dinge, die er mitgebracht hatte, sehr zustatten.

Sie aßen den Kuchen, tranken süßen Wein und freuten sich gemeinsam an den schönen Liebesgedichten. Und sie taten den ganzen Tag lang: Nichts. Im Himmel lachten die Engel und freuten sich über sie.
Die Fee aber war verschwunden.
Ihre Arbeit war getan.

Der Spiegel zeigte fortan die Menschen, die in ihn blickten, immer nur im besten Licht, sodass sich alle freuten, wenn sie sich darin sahen. Deshalb wurde der Spiegel auch nicht mehr im Schrank versteckt. Gleich hinter der Eingangstür wurde er aufgehängt zur Freude aller Gäste, die ins Haus kamen.
Der böse Zauber war gebrochen und hatte niemals mehr Macht über die Frau.

Fortan war das Haus der Familie nicht mehr nur ein Haus, in dem gut gearbeitet wurde, sondern ein Haus ausgelassener Fröhlichkeit und Freiheit. Manchmal sogar war es ein Haus, in dem die Bewohner mitten in der Woche einen Tag zum Feiertag erklärten. Da feierten sie das Leben. »Als ob die Engel darin wohnten!«, sagten die Leute.

Und so ist es geblieben bis heute.

Hinausgehen

Einmal kam zum alten Mann eine Frau, die war gut darin, ständig mit sich selbst in Schwierigkeiten zu stecken. Mit dem einen Mann lebte sie, einen anderen liebte sie. Ihre Eltern mochte sie nicht, dennoch verbrachte sie jeden Sonntag im Kreis ihrer Kindheitsfamilie. Sie besuchte ständig Kurse, war dauernd auf der Suche nach Neuem, nach Glück, nach Liebe, ... sie wusste selbst nicht recht nach was. Zum alten Mann war sie gekommen, weil sie herausfinden wollte, ob sie von ihm irgend etwas abschauen könnte.

Der alte Mann saß und sah.
Er sah genau und hörte.
Er hörte genau und fühlte.
Er fühlte genau und roch.
Er roch genau und schmeckte.
Er hörte, wie es seine Art war zu hören.
Er hörte, saß lange und schwieg.

Dann erzählte er seinem Gast eine kleine Geschichte:

Es gab einmal, vor langen Jahren, ein schönes Herrschaftshaus. Das Haus war fein und hatte genügend schön geschmückte Zimmer, dass man sich darin verlaufen konnte. Das Haus lag in einem großen, weiten Park, der von einer hohen Mauer umgeben war. In den Park und in das Haus gelangte man nur durch ein großes, schmiedeeisernes Gittertor, welches das Anwesen von der Welt trennte. Zwischen dem Herrschaftshaus und der Stadt lag weites Land. Die Türme der Stadt waren vom Haus aus nur mit den besten Augen zu unterscheiden. Manchmal klangen von ferne die Kirchenglocken bis hin zum Herrschaftshaus.

In dem Haus lebte ein feiner Herr mit seiner Frau und den Bediensteten, die nötig waren, um Haus und Garten so schön zu erhalten, wie die Herrschaften wünschten.

Der feine Herr war ein arbeitsamer Mann. Er fuhr täglich mit der Kutsche hinaus, um auf seinen Gütern nach dem Rechten zu sehen und um seinen Besitz zu mehren.

Nun hätte man meinen können, das Glück des feinen Herrn und seiner Frau sei vollkommen gewesen, denn sie besaßen alles, was eines Menschen Herz sich erträumen kann.

Allein, der Herr und seine Frau waren sehr traurig. Sie waren nun schon viele Jahre verheiratet und hatten einander lieb, aber ein Kind hatten sie doch noch nicht bekommen, damit ihre Schätze und ihre Freude vollkommen gewesen wären.

Der feine Herr hatte schon bei allen bekannten Heilkundigen Rat eingeholt und gar manche bittere oder süße Arznei für sich und seine Frau gekauft – doch es hatte alles nichts genützt.

Gerade zu der Zeit, als sich die Verzweiflung der beiden bemächtigte und sie begannen, ungerecht zueinander zu sein und allerlei böse Gedanken zu hegen, wurde die Frau schwanger und gebar endlich ein Kind.

Die Eltern waren überglücklich. Selbst der Vater, der sich heimlich einen Sohn gewünscht hatte, war über die Maßen froh, eine Tochter in den Armen zu halten.

Das Kind wurde von allen nur die Prinzessin genannt, denn sie wuchs heran wie die Tochter eines Königs. Das feinste Bettchen, das schönste Spielzeug, nur das Beste war gut genug für das Kind. Die Prinzessin war eine rechte Freude für ihre Mitmenschen. Sie war schön wie die Morgensonne. Ihre Haare glänzten wie das Mondlicht, ihre Augen leuchteten wie die Sterne, ihr Mund war so rot wie der Mohn, der in den Feldern blüht. Sie war fröhlich wie ein Vogel im Frühling und flink wie ein Eichhörnchen bei allen Spielen und beim Lernen.

Nun hätte man meinen können, das Glück des feinen Herrn und seiner Frau sei endlich vollkommen gewesen. Sie hatten ja jetzt alles, wie auch ein König nicht mehr haben kann. Sie hatten Haus und Gut und Geld und ein schönes, gesundes Kind.

Aber sie hatten auch etwas, was selbst ein König nicht gerne hat: Sie hatten Angst, dass dem Kind etwas zustoßen möge. Weil ihre Angst so groß war, verboten sie ihrer Tochter für immer und ewig, das Haus und den Park zu verlassen. Dort draußen, erzählten sie dem staunenden Kinde, wären die wildesten, gefährlichsten Horden zugange. Schrecklichste Dinge geschähen dort. So schrecklich malten sie dem Kind das Leben vor den Toren des Hauses aus, dass ihre Tochter gerne versprach, nur ja immer im Haus und im Hof zu bleiben.

Und so geschah es. Die Prinzessin wuchs heran und wurde immer klüger und schöner. Ihre einzigen Freunde waren die Pfauen und der Hund des Vaters, mit denen sie im Park spielte. Auch die Bediensteten des feinen Herrn und seiner Frau liebte sie sehr, doch auch die durften ihr niemals erzählen, was es draußen vor den Toren alles zu sehen gab.

Immer, wenn der Vater hinausfuhr aus dem großen Tor, hatte die Tochter herzliche Angst um den feinen Herrn, der dort draußen so vielen schrecklichen Gefahren trotzen musste und doch jeden Abend vergnügt und lebensfroh zurückkam. Ihr Vater war ein sehr mutiger Mann.

So lange es ging, unterrichtete die Mutter ihre Tochter selbst. Später wurden Hauslehrerinnen verpflichtet, die ihr alles beibrachten, was einer schönen jungen Frau aus gutem Hause gut ansteht. Aber auch sie mussten immer erzählen, wie schlimm es dort draußen war, vor dem Tor.

Die Tochter wollte das alles gerne glauben, allein, es fiel ihr schwerer, je älter sie wurde. Das große Haus und der weite Park wurden ihr eng.

Noch immer freute sie sich an den Blumen und Tieren. Noch immer saß sie gerne, malte oder schaute gedankenverloren den Fischen im Teich zu. Aber manchmal schlich sie sich auch hinauf in die obersten Gemächer des Hauses und schaute von dort aus weit über die Mauer und das Land.

Friedlich lag alles. Manchmal fuhr eine Kutsche vorbei oder ein Bauer arbeitete auf seinem Feld. Im Herbst konnte sie die Lieder der Ernteleute hören, wie sie die Garben schnitten. Dann träumte sie davon, wie sie selbst in einer Kutsche über Land fuhr oder Garben schnitt und fröhliche Lieder sang.

Sie konnte die Gefahren nicht sehen, nicht hören, nicht riechen, von denen ihr der Vater, die Mutter und alle anderen dauernd sprachen. Doch sie wagte es nicht, den Befehlen der Eltern zuwider zu handeln.

Da geschah es eines Tages, als die Tochter schon beinahe ganz erwachsen geworden war, dass der Vater gemeinsam mit der Mutter davonfahren sollte. Die Tochter sollte allein zu Hause bleiben. Wie immer versprach sie, nur ja den Park nicht zu verlassen und schaute mit Sorgen der davonfahrenden Kutsche nach.

Als die Eltern schon weit fort waren, merkte sie, dass diese vergessen hatten, das Tor gut zu verschließen. Der Schlüssel steckte. Sie konnte hinaus, wenn sie wollte. Vorsichtig und nach langem, langem Überlegen tat sie, wovon sie schon so lange geträumt hatte: Sie schlich aus dem Park und durch das Tor hinaus. Kaum hatten ihre Füße die staubige Straße vor der Hofeinfahrt berührt, überkam die Tochter große Angst. Und so sprang sie schnell zur Mauer und fühlte beruhigend und sicher den kalten Stein. So lief sie um das Haus und den Park herum. Immer mit einer Hand an der Mauer umrundete sie das ganze Haus und den Park. Wie viel Neues sie da sah! Wie viel Angst sie da hatte! Als sie einmal herumgegangen war, ging sie schnell zurück in den Park. Sie verschloss das Tor und versteckte den Schlüssel an einem sicheren Ort.

Von da an stahl sie sich oft hinaus aus dem Tor. Aber niemals wagte sie es, die schützende Mauer loszulassen. Immer ging sie um das ganze Anwesen herum. Immer hielt sie eine Hand an der Mauer. Mal rechts herum. Mal links herum. Bald entstand ein richtiger Pfad, so oft ging sie ihren Weg.

Die Tochter wurde zur erwachsenen Frau und immer noch ging sie vorsichtig an der Mauer entlang, die Gefahren fürchtend, die auf sie lauern mochten. Ihre Träume gingen längst bis in die Stadt und weit darüber hinaus. Allein, sie blieb.

Eines Tages nun, als wieder einmal Vater und Mutter gemeinsam ausgegangen waren, stand sie träumend am Tor und wünschte sich so sehr, dass sie stark genug wäre, allen Gefahren dieser Welt zu trotzen. Da kam ein weißer Vogel geflogen, der setzte sich neben sie auf den hohen Torpfosten und schaute sie von oben herab an. Sie wunderte sich, denn einen solchen Vogel hatte sie noch nie gesehen.

Da begann der Vogel zu sprechen: »Wovon träumst du, schöne Prinzessin?«

Sie erschrak, fasste sich aber schnell ein Herz und antwortete: »Ich träume davon, dass ich mutig bin und dass ich hinausgehen kann in die Welt und dass mir nichts geschieht und dann träume ich davon, dass ich glücklich werde und dass ich frei bin wie ein Vogel und dann...« Sie begann zu weinen.

Der Vogel flog herunter von seinem Torpfosten, setzte sich vor sie auf den Boden und ließ sie weinen. Als sie sich beruhigt hatte, fragte er: »Und warum gehst Du nicht?« »Weil dort draußen so große Gefahren lauern, dass mir dies und das geschehen würde und weil ich artig sein will und meinen Eltern keinen Kummer machen darf und weil mein Vater es nicht will und weil ... ich solche Angst habe.« Wieder weinte die junge Frau.

»Wem willst Du gehorchen? Der Stimme deines Herzens oder anderen Stimmen, die Dir sagen, was Du tun sollst?«

»Ich muss doch meinem Vater gehorchen und meiner Mutter. Auch die anderen älteren Leute geben mir guten Rat. Sie haben doch immer gewusst, was gut für mich ist. Ist es nicht so?«

»Du bist eine große, kluge Frau und hast doch die Angst eines Kindes. Aber Du musst auch die Angst Deines Vaters und Deiner Mutter tragen und das wiegt schwer.«

Die Frau sah den Vogel erstaunt an. Er saß vor ihr auf dem Boden und pickte nach einem Samenkorn. »Du meinst«, sagte sie, »ich könnte einfach so gehen und es würde nichts geschehen?«

»Nein, ich denke nicht, dass Du einfach gehen könntest. Es ist auch ein Zauber, der Dich hier festhält. Alte Sprüche, die Dir vor langer Zeit gesagt wurden. Sie halten Dich und lassen Dich nicht gehen. Der Zauber ist noch stärker als Deine Angst.«

Die junge Frau wollte wieder in Tränen ausbrechen und fragte: »Kann man dagegen etwas tun? Ich möchte so gerne hinaus in das Land und wissen, was in der Stadt und hinter der Stadt geschieht. Dort muss es so viel zu sehen geben und zu erleben. Meinst Du, ich könnte dorthin gehen, ohne dass mir etwas geschieht? Meinst Du, ich könnte sogar noch weiter gehen, bis hinter den Horizont?«

Da beugte der Vogel seinen Kopf und zupfte sich eine schöne Feder aus seinem Flügel heraus. Die gab er ihr in seinem Schnabel. »Wenn Du diese Feder in die Hand nimmst und Dich dreimal drehst, so schnell Du kannst, und dabei laut sagst »ich bin frei« – dann öffnen sich Dir alle

Tore und Du kannst ohne Schaden hingehen, wohin Du willst. Nimm die Feder und nutze sie, wann immer Du sie brauchst.«

Kaum hatte er das gesagt, flog der merkwürdige Vogel davon. Die Frau stand, hielt die Feder in der Hand und schaute ihm lange nach. Dann ging sie in das Haus. Sie schrieb den Eltern einen kleinen Brief, zog sich feste Schuhe an und schnürte sich ein kleines Bündel mit den Dingen, die sie für das Nötigste erachtete. Dann, die Feder fest in die Hand gedrückt, trat sie hinaus in den Park und an das Tor. Sie breitete ihre Arme aus und drehte sich nicht nur dreimal, sondern immer wieder und rief dabei: »Ich bin frei!«, bis sie ganz außer Atem war und ihr ganz und gar schwindlig wurde. Als sie wieder zu Atem gekommen war, nahm sie ihr Bündel und schritt frei aus. Sie ging über das Land, bis in die Stadt und weiter, bis hinter den Horizont.

Der Wanderer

Unter den Menschen, die den alten Mann besuchten, waren viele, die von einer tiefen Sehnsucht nach Heimat getrieben waren. Da kamen nicht nur junge, unerfahrene Menschen, sondern auch solche, die durch ihre jahrelange Suche schon sehr viel gelernt hatten über sich selbst, über das Leben. Dennoch hatten sie keine Heimat gefunden. Manche waren darunter, die waren über dieser Suche melancholisch geworden, andere zynisch und wieder andere arrangierten sich irgendwie und trugen ihre Sehnsucht gut versteckt mit sich herum.

Der alte Mann saß und sah.
Er sah genau und hörte.
Er hörte genau und fühlte.
Er fühlte genau und roch.
Er roch genau und schmeckte.
Er hörte, wie es seine Art war zu hören.
Er hörte, saß lange und schwieg.

Einem von ihnen erzählte der alte Mann diese Geschichte:

Einmal lebte gar nicht weit von hier ein Mann, der war ein Wanderer. Der Wanderer war ein Mann im besten Alter. Er war gerne zu Fuß unterwegs und machte große Touren. Die meisten Wanderungen unternahm er jedoch auf andere Weise. In all den Jahren, seit er das Haus seiner Eltern verlassen hatte, um auf eigenen Füßen zu stehen – und vielleicht schon früher – war er auf einer langen Wanderung gewesen. Wie viele andere Menschen auch suchte der Wanderer nach seiner eigenen Heimat auf dieser weiten Welt. Und weil die Welt groß ist, kann man weite Wege zurücklegen, um die Heimat zu finden.

Der Wanderer hatte viel getan, um diese Heimat zu finden. Er hatte viele schöne Orte gesucht und gefunden. Er hatte dort gelebt. Er hatte es genossen.

Heimat war dort nicht gewesen.

Er hatte sich entsprechend seiner Mittel Wohnungen eingerichtet, in denen er gerne lebte. Er war dort gerne zu Hause.

Heimat hatte er dort nicht gefunden.

Er hatte zeitlebens gelernt. Er hatte viel gelesen, viel mit anderen diskutiert, viel erprobt, viel erkannt. Der Wanderer war ein Mann, der viel wusste über die Menschen. Er wusste viel über sich selbst.

Der Wanderer wusste, dass die Geschichte wichtig ist, weil sie uns lehren kann, dass Gute zu nutzen. Der Wanderer wusste, dass die Zukunft wichtig ist, denn wir können sie nach unseren Erkenntnissen gestalten. Der Wanderer wusste, dass die Gegenwart wichtig ist, denn nirgendwo sonst und niemals sonst als gerade jetzt leben wir.

Der Wanderer hatte viel gelernt und mit der Zeit verstanden, dass es Irrwege für ihn gab und Sackgassen, in die er besser nicht ging. Mit der Zeit konnte der Wanderer solche Irrwege erkennen und ging sie dann nur noch, wenn er Lust dazu hatte. Manchmal braucht man einen Irrweg. Der Wanderer kannte viele Wege durchs Leben.

Heimat hatte er nirgends gefunden.

Zum Wanderer kamen viele Menschen, um ihn um Rat zu fragen. Manchmal konnte er den anderen einen Schritt weiterhelfen.

Zur eigenen Heimat half ihm das nicht.

Der Wanderer hatte mit Menschen gelebt, die ihm wichtig waren. Sie hatten ihm keine Heimat geben können.

Er hatte mit Menschen gelebt, die er liebte. Er war glücklich gewesen. Da hatte er geahnt, was Heimat sein könnte. Gefunden hatte er sie nicht.

Der Wanderer war spirituelle Wege gegangen. Auch da hatte er Heimat geahnt.

Aber Heimat gefunden hatte er nicht.

Dann suchte der Wanderer die Stille. Zuerst war die Stille laut von seinen Gedanken. Dann war die Stille erfüllt vom Loslassen. Danach begann sich die Stille in ihm auszubreiten. Er hörte auf, überall zu fragen. Er hörte auf, nach neuen Wegen zu suchen. Er suchte nach Momenten und Orten der Stille. Was zuerst nichts als eine andere Übung gewesen war, wurde nun wichtig.

Da hatte der Wanderer eines Nachts einen Traum. Er träumte, wie er auf einer großen Wanderung war. Sein Rucksack war prall gefüllt mit Vorräten und einer ausgezeichneten Ausrüstung. Er sah sich durch Bergwälder ziehen, an Seen entlang und über weite Wiesen. Er sah sich über Geröllhalden stapfen und durch Unterholz kriechen. Er durchwanderte Steppen und Wüsten. Stetig, ausdauernd, beobachtend und freundlich ging er seinen Weg.

Dem Wanderer gefiel dieser Traum. Plötzlich entdeckte er, dass in seinem Traum nicht nur einer unterwegs war, sondern zwei. Zwei, die einander glichen wie ein Ei dem anderen. Der zweite Wanderer ging immer hinter dem ersten drein. Nur, dass der Zweite hager war, fast ausgehungert. Der zweite Wanderer schien sich sehr anzustrengen, ihn einzuholen. Leider schaffte er das nie, denn er, der voraus ging, war zu kräftig, zu ausdauernd, zu aufmerksam für alles und fand seinen Weg meist so gut, dass sein schwaches Ebenbild ihn nie einholte.

Der zweite Wanderer schien von dem ersten magisch angezogen. Der erste Wanderer sah viel und nahm vieles wahr. Dieses eine hatte er nicht gemerkt, dass da einer hinter ihm herging, der aussah wie er selbst.

Da kam der erste Wanderer an einen großen See. Er setzte sich, um auszuruhen. Er schlief ein. Dies endlich gab dem zweiten Wanderer die Chance, sein Ebenbild einzuholen.

Schnaufend und ganz außer Atem setzte er sich ans Seeufer. Als dann der erste Wanderer aufwachte, erschrak dieser zutiefst. »Wer bist du?«, fragte er verwundert, als er sich selbst erkannte.

»Ich bin«, sagte der Zweite, »Deine Heimat. Ich bin vielleicht froh, dass Du Dich endlich gesetzt hast. Ich hätte sonst bald nicht mehr gewusst, wie ich Dich einholen sollte. Aber jetzt bin ich ja da.«

»Bist Du schon die ganze Zeit hinter mir hergegangen?«, fragte der Erste. »Ja, und ich war Dir auch manchmal schon sehr nahe. Immer wenn ich dachte, ich hätte Dich endlich eingeholt, bist Du weitergerannt. Ich konnte Dich nicht erreichen.«

»Weißt Du, dass ich weiter gelaufen bin, weil ich Dich vor mir gesucht habe?« »Ja, das weiß ich schon. Ich habe auch dauernd hinter Dir her gerufen. Du hast mich nicht gehört. Du hattest zu viel zu tun mit Suchen.«

Da lachten beide.

Gemeinsam bauten sie ein Haus an einem schönen Ort. Wenn jetzt Leute zum Wanderer kamen, um ihn um Rat zu bitten, sagte er ihnen manchmal diesen geheimnisvollen Satz.

»Du musst Dich von dem, was vor Dir ist, einholen lassen.«

Ankommen

Einmal kam eine Frau zum alten Mann, die gehörte zu den Frauen, die ihren Alltag und den ihrer Familie meistens perfekt zu organisieren in der Lage sind. Auch im Beruf war sie erfolgreich und ausgesprochen pflichtbewusst. Leider plagte sie oft eine schreckliche Migräne. Sie hatte schon alles versucht, mit dieser Krankheit fertig zu werden, aber nichts hatte genützt. Der alte Mann hörte sich ihre Geschichte an.

Er saß und sah.
Er sah genau und hörte.
Er hörte genau und fühlte.
Er fühlte genau und roch.
Er roch genau und schmeckte.
Er hörte, wie es seine Art war zu hören.
Er hörte, saß lange und schwieg.

Dann erzählte er ihr diese Geschichte:

Einmal lebte in einem fernen Land ein Lehrer. Der arbeitete und unterrichtete in einer Stadt, die freundlich zwischen den Bergen und dem weiten Fluss eingebettet lag. Handel und Handwerk gediehen gut in der Stadt. Pfarrer, Feuerwehr und Polizei hatten genauso viel oder wenig zu tun wie in anderen Städten auch. Die Leute in der Stadt waren wie Du und ich und lebten und starben, wie es seinen Gang hat in der Welt. So waren auch die Kinder. Sie gingen nicht besonders gern in die Schule. Außer einigen Mädchen, und den wenigen Jungen, die davon träumten, aus der Stadt hinaus zu kommen und ihr Glück in der Welt zu machen. Die lernten, dass die Lehrer ihre Freude hatten.

Der Lehrer mochte seinen Beruf ganz gerne. Manchmal fand er den Lärm der Kinder und ihr langsames Lernen anstrengend. Manchmal ärgerte ihn die Nachlässigkeit oder übertriebene Strenge der Eltern. Er mochte die Väter nicht, die ihn aufforderten, ihren Söhnen ruhig mal eine Ohrfeige zu geben, wenn sie nicht brav waren. Er mochte die Mütter nicht, die ihre Töchter behandelten wie erwachsene Freundinnen. Er mochte die Väter nicht, die nur die Schönheit ihrer Töchter sahen. Er mochte die Mütter nicht, die ihre Söhne zu sehr behüteten und zu sehr drängten.

Er mochte Eltern, die ihren Kindern mutig erlaubten, die Welt selbst zu entdecken. Auch wenn sie dabei auf die Nase fielen. Davon gab es nicht sehr viele.

Manchmal, mitten im Unterricht, merkte der Lehrer, dass er strenger war als er sein wollte. Da erschrak er. Manchmal merkte er, dass er zu lasch mit den Kindern umging. Da erschrak er auch.

Aber er war ein guter Lehrer. Seinen Unterricht bereitete er meist sorgfältig vor. Er achtete darauf, dass die Kinder ihren Spaß hatten und doch etwas lernten. Er wollte gerne, dass seine Schüler und Schüleerinnen etwas mitnähmen aus seinem Unterricht. Etwas, das ihnen einen Weg durchs Leben ebnen könnte. Etwas, das ihnen eine Grundlage geben könnte für eigenständiges Denken und Handeln.

So tat der Lehrer manches Jahr seine Arbeit und war's meist ganz zufrieden. Richtig zufrieden war er jedoch nie. Irgendetwas fehlte immer. Tief in ihm nagte etwas und wollte heraus. Aber es war so tief in ihm – ein so tiefes Sehnen, dass er nicht in seinen Gedanken darum wusste. Nur irgendwo tief drinnen, da saß es. War da.

Er wohnte immer noch in dem Haus, in dem er einmal als Berufsanfänger eingezogen war. Es war alles ein wenig klein und eng geworden, aber er hatte sich daran gewöhnt. An dies und ans Unterrichten und die Stadt, die Kinder, die Eltern, die Geschichten, die Weihnachtsfeiern und die Ferienzeiten. Er war ein Alltagsmensch, der Herr Lehrer.

Bis zu einem verregneten Tag im April, an dem er gerade vom Einkaufen im Supermarkt nach Hause ging. Da kam ihm auf der Straße zu seinem Haus ein alter Mann entgegen. Der Lehrer hielt ihn für einen Obdachlosen, wie sie hier manchmal durchkamen. Der alte Mann trug abgerissene, aber saubere Kleidung. Er sah nicht ungepflegt aus. Einfach ein alter, armer Mann. Von diesem Mann ging trotz seines Alters eine große Kraft aus, sodass der Lehrer unwillkürlich etwas langsamer ging und schließlich stehen blieb, um den Alten vorbeizulassen. Der Alte blieb jedoch vor ihm stehen und schaute ihn aus strahlend klaren Augen scharf an. Sein Blick war nicht unfreundlich, aber durchdringend. Der Lehrer stand wie gebannt. Da hob der Alte die Hand und boxte den Lehrer dreimal kurz auf sein Herz. »Geh Deinen Weg zu Ende! Geh Deinen Weg zu Ende! Geh Deinen Weg zu Ende!«, sagte der Alte. Und ging weiter.

Der Lehrer stand wie festgewurzelt und sah ihm nach.

Und plötzlich war nichts mehr wie zuvor: In seinem Kopf breitete sich etwas aus, das empfand er wie eine große, graue Leere. Kein Gefühl war darin, keine Farbe, kein Geräusch, kein Geruch, kein Gedanke. Er hatte das Empfinden, als wollte ihn die Leere aufsaugen.

Schnell lief er nach Hause. Hastig räumte er seine Einkäufe in den Kühlschrank und machte sich daran, die letzte Klassenarbeit zu korrigieren. Die Arbeit ging ihm ganz gut von der Hand. Nur manchmal fiel ihm diese merkwürdige Begebenheit ein. Am Abend setzte er sich vor den Fernsehapparat, was er sonst nur selten tat. Die Bilder flimmerten vor seinen Augen vorbei, ohne dass er sie wahrnahm. Die Leere schien sich immer weiter in ihm auszubreiten. Er stand auf und ging herum. Es ging weiter. Bald hatte er das Empfinden, als säße er zusammengekauert in einer Ecke seines eigenen Gehirns. Er versuchte verzweifelt, Kontrolle über sein Denken zu behalten. Die Leere wurde größer und größer. Der Lehrer rief laut, als stünde er vor seiner Klasse »JETZT ist aber Schluss mit dem Unfug!« Da war ihm, als lachte ihn die Leere aus und sagte »Ja, das finde ich auch!« Und war plötzlich überall.

Oder doch nicht? Es war, als wäre ein Stück seines Innersten ans Licht gekommen und beobachte interessiert, was da geschah. Aber nur für einen Moment war es so, dann rührte sich der Verstand doch wieder und versuchte verzweifelt, die Kontrolle zurück zu erhalten. Aber so sehr er sich auch anstrengte: Es gelang ihm nicht.

Da war diese graue Leere, und der Lehrer hatte keine Ahnung, was sie da sollte. Er wusste nur, dass er ihr keine Herrschaft geben durfte, sonst wäre er verloren. Er ahnte, dass die Leere etwas Großes, Allumfassendes in seinem Leben sein wollte. Er hatte keine Ahnung wozu. Er hatte Angst.

Schließlich ging er mit seinem leeren Gast im Kopf zu Bett. Und schlief sofort ein. Als er am nächsten Morgen aufwachte, spürte er zum ersten Mal seit vielen Jahren seinen Körper von innen. Oder war es zum ersten Mal überhaupt? Er fühlte, als würde sich sein Tastsinn nach innen richten und Zentimeter für Zentimeter diesen Körper erkunden. Er spürte, dass er gar nicht wirklich im Bett lag. Sein Körper lag da, ja. Aber es war, als hielte irgend etwas ihn davon ab, sich wirklich ganz und gar der Unterlage zu überlassen und WIRKLICH zu liegen.

Mit einem Mal wusste er, dass er noch nie, seit er denken konnte, wirklich im Bett gelegen hatte. In seinem Innersten hatte er immer versucht, alles unter Kontrolle zu halten. Sogar im Schlaf. Und plötzlich merkte er, wie anstrengend das gewesen war. All die Jahre, in denen er um Kontrolle gekämpft hatte bis in den Schlaf. Er fühlte sich so ungeheuer müde, dass er am liebsten die nächsten drei Tage durchgeschlafen hätte. Sein Wecker rief ihn unerbittlich zur Arbeit und in die Schule. Die Leere ging mit. War immer da. Aber sie ließ ihn wenigstens seine Arbeit tun. Nur, dass er beim Stehen merkte, dass er nie wirklich stand, sondern dass es etwas in ihm gab, was nicht einmal dem Boden unter seinen Füßen traute. Als er sich setzte, war es dasselbe. Für alle anderen saß er auf dem Stuhl wie sonst auch – er aber wusste, dass er NICHT saß. Er war nur zufällig auf dem Stuhl anwesend.

Ihm war diese Erkenntnis, dieses innere Spüren so unangenehm, dass er nach der Arbeit erst einmal einen langen Spaziergang machte. Wieder regnete es und er wurde sehr nass. Aber wenigstens waren deshalb kaum Leute unterwegs in den Wäldern am Rande der Stadt und niemand sah, wie er manchmal verzweifelt aufstampfte und hüpfte, weil er endlich Kontakt zur Erde haben wollte. Die Leere in seinem Kopf schien zu lachen. Also hatte sie doch irgendwelche Ideen. Also gab es doch etwas in der Leere – wenn sie lachen konnte. Überhaupt, die wollte er auch weg haben. Dieses unangenehme Gefühl des Nicht-Stehens und Nicht-Liegens musste genauso weg wie die Leere im Kopf. Und zwar schnell. Schnell.

Er begann zu zittern. Seine Hände klopften auf seinen Brustkorb. Er war wirklich froh, dass ihn niemand sah.

»Werde ich verrückt?«, dachte er bei sich. »Nein, Du wirst lebendig«, sagte die Leere. »Mit Dir kann man also reden?«, fragte der Lehrer. »Ich will Dich nicht mehr haben in meinem Kopf. Verschwinde! Was machst Du hier? Ich will endlich wieder die Kontrolle über mein Leben haben. Was mache ich überhaupt hier? Renne im Regen durch den Wald, schüttle mich, kann nicht mehr stehen, nicht liegen, nicht sitzen – am Ende wirst Du mir auch noch die Kontrolle über die Zeit nehmen und über mein Denken...!« Die Leere blieb still. Es war, als lächle sie ihn an. »Hör auf, man kann nicht im Kopf innen drin lächeln!«, sagte der Lehrer laut. »Du bist unverschämt. Verschwinde! JETZT!« Das rief er laut und hämmerte sich auf den Kopf und dachte dabei, dass ihn hoffentlich niemand sah. Das war doch alles zu peinlich. »Wenn ich gehe, bist Du tot«, sagte die Leere, »ohne gelernt zu haben, was Leben ist.« Und übernahm im selben Moment die Herrschaft über seine Gedanken. Über die meisten jedenfalls. Über all die Gedanken, die mit Kontrolle und Sicherheit und Beherrschung und Vorsicht und nach-den-Anderen-sehen zu tun hatten. Und das, merkte, der Lehrer, waren die meisten. Und er beobachtete sich selbst, wie riesig der Raum war, den diese Gedanken einnahmen.

»Ich mache fast alles aus Angst, aus Vorsicht, oder weil man es eben einfach so macht. Ich mache lieber alles selbst, als anderen die Kontrolle zu geben. Deswegen bin ich auch Lehrer geworden. Ich will ganz viel Kontrolle über die Gedanken haben. Nicht nur über meine, sondern auch über die Gedanken der Schüler und Schülerinnen. Ich bin ein Gedankenkontrolleur. Ich bin ein Verhaltenskontrolleur. Ich würde das nie zugeben vor anderen. Aber deshalb bin ich Lehrer geworden. Und deshalb bin ich oft auch so streng – und dann manchmal wieder so nachlässig. Weil ich mich selbst schäme, dass ich alles so kontrollieren muss. Ich will immer wissen, wie etwas richtig geht. Wie etwas richtig ist. Ich kann nichts einfach geschehen lassen. Und ich will sicherstellen, dass meine Schüler die Dinge auch richtig machen. Nur selten kann ich mal loslassen. Nein – nie lasse ich los. Gar nie! Und« – ihm wurde schwindlig bei dem Gedanken – »in Wirklichkeit – in Wirklichkeit will ich nichts als Freiheit! Endlich Freiheit! Ich kontrolliere, weil ich Freiheit will. Und weiß gar nicht, was das eigentlich ist und wovor ich Freiheit suche, worauf will ich hinaus? Ich weiß das gar nicht und will es doch!«

Der Lehrer ging durch den Regen, murmelte leise vor sich hin, sah nicht, wo er hinging, spürte den Regen nicht, nicht die Nässe, die in seine Schuhe eindrang und das Wasser, das ihm den Rücken hinunterrann. »Und dabei rede ich doch so oft mit den Eltern darüber, dass sie ihren Kindern mehr Freiheit lassen sollen. Ich gehe zu Fortbildungen und rede über freiere Formen des Unterrichts. Ich lasse den Kindern manchmal Raum – nicht wirklich, merke ich. Ich steuere es doch immer – irgendwie. Genauso bin ich mit Erwachsenen. Ich rede oft sehr frei, als wäre mir Freiheit das Allerwichtigste – und doch habe ich ungeheuer viele Wege gelernt, mein Leben und meine Freunde unter Kontrolle zu halten. Ich bin ein Kontrolleur. Ich bin ein Kontrolleur. ICH BIN EIN KONTROLLEUR!«

»Hast Du Dich mal gefragt, warum das so sein muss?«, fragte die Leere. Wieder übernahm die Leere die Herrschaft über seine Gedanken. Ließ ihn spüren, dass er nicht auf dem Boden stand. Immer noch nicht. ALLES an ihm war kontrolliert.

Dem Lehrer war kalt. Er sah sich um. Er war weit von zu Hause weg. Schnell ging er heim. Er fühlte sich klein. Fror in seinen nassen Kleidern. Als er nach Hause kam, fühlte er sich wie ein kleiner Junge, der zu lange draußen gespielt hatte. Da war aber keine Mutter, die ihn ausschimpfte und in die warme Badewanne steckte. Das machte er selbst. Er merkte: »Ich rede zu mir wie meine Mutter. Meine Gedanken sind wie die Gedanken meiner Mutter.«

Er stieg tatsächlich in die Badewanne und kroch dann mit einer Tasse heißen Tees ins Bett. Lange lag er dort. Dachte nichts. Ließ der Leere in seinem Kopf ihren Raum. Irgendwie spürte er, dass sie gar nicht so bedrohlich war. Sie war einfach ein Raum, in dem sich etwas Neues ausbreiten konnte. Leben. Raum für Leben. Leere im Hirn ist Raum für Leben. Diese Leere.

Er schlief ein. Träumte. Träumte von Uhren. Er war ein junger Mann. Er ging durch ein großes Haus, in dem Hunderte von Uhren hingen. Alle hatten eine Datumsanzeige. Keine Uhr zeigte das gleiche Datum. Viele zeigten Tage in der Vergangenheit an. Mühsam vor verstaubten Zifferblättern bewegten sich die Zeiger vorwärts. Der junge Mann bemerkte, dass sich die Zeiger gar nicht wirklich bewegten. Sie taten nur so. Es war, als wären sie zu schwer, um vom Uhrwerk bewegt zu werden. Da war die Zeit zu zäh.

Andere Uhren zeigten die Zukunft an. Aber selbst da gab es welche, die schon verstaubt waren. Diese Uhren kamen dem jungen Mann vertraut vor. Andere liefen rasend schnell – die Zeiger drehten sich wie irr – die Zeit überschlug sich.

Immer weiter ging er durch das Zeithaus. Er suchte nach einer Uhr, die den gegenwärtigen Zeitpunkt anzeigte. Er fand keine. Lange nicht. Dann sah er sie. Sie hing praktisch überall. Zwischen den großen Wanduhren mit ihren langsamen oder schnellen Zeigern hingen überall ganz, ganz kleine Uhren. Die hatten keine Zeiger. Sie sahen alle ganz unterschiedlich aus, aber jede hatte nur einen Punkt in der Mitte, auf dem stand »JETZT«.

Da wachte der Lehrer auf. Sofort schaute er auf die Uhr. Es war Morgen. Zeit, in die Schule zu gehen. Er hatte sich nicht vorbereitet. Aber irgendwie würde er mit seiner langen Erfahrung den Tag schon durchstehen.

Wieder spürte er das Unbehagen, nicht wirklich zu liegen. Und die Leere in seinem Kopf. Den weiten Raum. Da war auch die Erinnerung an seinen Traum. Er vergaß ihn nicht. Nicht das Wort JETZT. Nicht das Zeithaus.

Im Unterricht sprach er mit den Kindern über die Zeit. »Was ist Zeit?« Viele Kinder freuten sich auf eine wundervolle Zukunft. Andere erzählten von dem, was vorbei war. Auch Kinder haben schon Erinnerungen, die sie lieber vergessen wollen. Auch Kinder haben schon Träume, in denen alles besser ist. Da meldete sich ein kleiner Junge, der immer etwas verträumt in seiner Bank saß und sich selten meldete. Er hatte auch in dieser Stunde noch nichts gesagt. »Eigentlich gibt es bloß JETZT. Weil alles von gestern ja schon vorbei ist. Und wenn ich morgen ankomme ist es auch immer JETZT. Ich glaube, Zeit gibt es gar nicht.«

Die anderen Kinder lachten ihn erst aus. Dann wurden sie plötzlich still und starrten ihren Lehrer an. Der wiederum starrte den kleinen Jungen an und war unfähig, sich zu rühren. Die Kinder wussten nicht, dass sich die Leere in seinem Kopf plötzlich in ein strahlendes Licht verwandelt hatte und mit Freude füllte. Mit einer unbestimmten Freude, die der Lehrer nicht verstand. Aber sie war gut.

Endlich rührte sich der Lehrer wieder. Die Kinder sahen ihn verwundert an, als er sich dem kleinen Jungen näherte und sich vor ihn hinkniete, damit er ihm genau ins Gesicht sehen konnte. Der Lehrer strahlte ihn an und strich ihm sanft übers Haar. »Mein Kleiner«, sagte er, »vergiss bitte nie diesen Moment und was Du da eben gesagt hast. Das ist vielleicht das Wichtigste, was ein Mensch lernen kann. Es gibt keine Zeit – es gibt nur JETZT. Ich habe es oft gelesen. Bei Einstein und vielen Philosophen und sogar in der Bibel kann man das nachlesen. Verstanden hab ich's nie. Aber JETZT hab ich's verstanden. Ich danke Dir. Bist ein sehr kluges Kerlchen.«

Der Junge strahlte und versuchte doch auszusehen, als ob es das Normalste auf der Welt wäre, wenn er solche Gedanken hatte. Hatte er ja auch. Dauernd. Wollte nur keiner hören. Außer jetzt eben der Lehrer. Und das war schön. Er spürte, hier hatte er eben einen Freund fürs Leben gefunden. Einen, mit dem er über alle seine Gedanken reden durfte. Die Innendringedanken. Und das mit der großen Leere im Kopf, das durfte er ihm sicher auch erzählen. Vielleicht hatte der Lehrer auch so was? Die Leere im Kopf?

Der Lehrer stand auf. »Kinder – ich würde gerne noch mehr mit Euch über die Zeit sprechen und ob es sie gibt. Und über die Arten von Zeit. Kennt Ihr denn Arten von Zeit?«

Plötzlich waren alle Feuer und Flamme und es wurde eine Unterrichtsstunde, wie man sie nur ganz selten einmal geschenkt bekommt. Die Kinder fanden viele Arten von Zeit: Sorgenzeit, Notzeit, Spargelzeit, Wartezeit, Hoffzeit, Hochzeit, Unzeit, Quatschzeit, Schlafenszeit (die mochte niemand), Fernsehzeit, Familienzeit, Uhrzeit, Tageszeit, Jahreszeit, Trauerzeit.

Als der Lehrer sie fragte, welche Zeit sie denn am meisten mochten, fiel den Kindern auf, dass das eigentlich immer die Zeit in der Zukunft war – denn die andere Zeit war schon vorbei. Manches hätten sie gerne immer wieder – wie den Besuch in einem schönen Zoo oder bei Freunden. Aber das zweite Mal war meistens nicht so gut wie das erste Mal und auch wenn man es immer wieder machte, wurde es oft nicht besser. Nur reiten gehen – das war immer gut, fanden ein paar Mädchen. Und manchmal machten sich die Kinder große Hoffnung auf die Ferien und dann war es doch nicht so schön. Oder Weihnachten. Oder der Geburtstag. Und viel aus der Vergangenheit mochten sie gar nicht wieder erleben. Opas Tod. Den Skiunfall. Die blöde Arbeit. Den Streit auf dem Schulhof. Als Mama böse war.

»Und wann kann man denn etwas machen, dass alles so wird, wie man es gerne will?«, fragte sie der Lehrer. Das fanden die Kinder schnell heraus. Das geht immer nur JETZT. Weil morgen ist ja auch, wenn es dann da ist – nur JETZT. »Manchmal ist aber doof, wenn wir eine Arbeit schreiben müssen und ich hab gar keine Lust drauf«, sagte ein Mädchen. »Und das ist dann auch JETZT und dann kann ich gar nichts tun und es ist doch doof.« »Da hast Du recht«, sagte der Lehrer. »Aber wenn ich ja weiß, dass die Arbeit kommen wird, dann kann ich JETZT schon drauf lernen, damit ich Spaß dran habe, wenn sie JETZT da ist.« Da stimmten die Kinder zu.

»Man darf nur die Zeit nicht so voll machen mit Sorgen und Quatschgedanken und so was, das sowieso nicht geht oder mit Angst, dass es gar nicht geht«, sagte das Mädchen wieder.

Als der Vormittagsunterricht zu Ende war und der Lehrer nach Hause ging, war er noch ganz erfüllt von dem, was er erlebt hatte. Die Leere in seinem Kopf lächelte.

»Spür mal. JETZT, JETZT, JETZT, JETZT, JETZT...«, sagte die Leere. »JETZT gehe ich nach Hause. JETZT tue ich diesen Schritt. JETZT atme ich. JETZT tue ich diesen Schritt. Da blüht ein Löwenzahn. Ich tue diesen Schritt. Da fährt ein Auto vorbei. Ich gehe hier. JETZT ist es gut.« Das JETZT war wie ein Rhythmus in seinem Kopf, in seinem Körper, füllte ihn aus.

Wieder ging der Lehrer hinaus aus der Stadt und über die Wiesen in den Wald. Die Sonne kam heraus. Wassertropfen schimmerten auf den Bäumen. Pfützen spiegelten das Licht.

In einer kleinen, offenen Hütte für Wanderer saß der merkwürdige alte Mann. Der Lehrer setzte sich zu ihm. Sie saßen lange nebeneinander und schwiegen.

»JETZT, JETZT, JETZT!«, sagte die Leere im Kopf und lächelte.

»Alle Menschen werden ins JETZT geboren. Kleine Kinder wissen noch nichts von der Zeit. Deshalb können sie nicht verstehen, wenn sie etwas nicht sofort haben können und können nicht warten, wenn sie hungrig sind oder schlafen wollen. Für sie ist immer JETZT und alles was geschieht, ist wichtiger als alles andere auf der Welt. Dann werden die Kinder älter und verstehen, dass sie warten müssen – dass es gestern gibt und Vorbei-Zeit. Das es morgen gibt und Werde-Zeit. Sie lernen, dass sie sterben werden, aber noch macht es ihnen keine Angst, weil sie wissen, dass noch so viel Zeit vor ihnen zu liegen scheint und weil sie spüren, dass das Wichtigste JETZT zu tun ist.

Und dann geschieht etwas Schreckliches. Sie verlernen das. Weil ihnen Böses angetan wird. Weil alle anderen Menschen so denken, als sei das Gute erst morgen und das Schlimme vorbei. Oder Angst haben vor morgen. Schreckliche Angst. Die Menschen, denen ganz besonders viel Schlimmes wiederfährt, die geschlagen werden und missbraucht; Kinder, denen die Seelen verbogen werden, die wollen das Schlimme nicht mehr erleben. Nie mehr soll es geschehen. Und dann fangen sie an, alles zu kontrollieren. Die Zukunft vor allem. Denn die Vergangenheit ist ja vorbei. Aber in der Zukunft soll das Böse keinen Raum mehr haben. Alles soll gut sein. Nur merken sie gar nicht, dass sie damit immer auch das Böse aus der Vergangenheit in die Zukunft hineindenken und hineintragen. Denn die Angst vor dem Bösen macht das Böse lebendig. Der Schmerz braucht den Schmerz, damit er leben kann.

Und leider sind das sehr viele Menschen, denen es so geht. Die Angst haben, dass sich irgendetwas Böses, Dunkles wiederholt. Die manchmal gar nicht mehr wissen, was das Böse war, weil ihre Gedanken freundlich genug sind, das zu verstecken. Die fangen dann an, die Zeit zu kontrollieren und die Gedanken und sich selbst. Die dürfen nicht mehr ausruhen und müssen sich Sorgen machen und auf alles achten – auf ALLES. Und das ist so anstrengend und sie wissen tief in ihrer Seele darum, dass es so anstrengend ist und viel zu anstrengend und sie hätten es gerne los – aber es geht nicht – sie können die Kontrolle nicht los lassen, weil ja dann das Böse wieder kommt und sie keine Macht mehr haben über ihr Schicksal. So denken sie.

Und so sind sie gefangen zwischen gestern und ihrer Angst und morgen und ihrer Angst. Das ist ihr Gefängnis. Und überall ist Angst und Böses und Dunkles und steht vor der Tür und es darf nicht hinein. Ständig rennen sie und kontrollieren, ob auch alle Lebensfenster geschlossen sind, damit das Dunkle nicht hinein kommt.

Aber weil die Menschen immer daran denken und Angst haben, kommt das Dunkle doch herein und sie müssen kämpfen und noch mehr kontrollieren und vorsichtig sein. Sehr vorsichtig und mutig kämpfen gegen das Dunkle. Und sie haben solche Angst und wissen es manchmal gar nicht, weil sie doch alles so gut kontrollieren. Und das Leben wird immer kleiner und enger und die Kontrolle immer mehr. Sie kontrollieren und wollen damit Freiheit haben und bauen sich doch ihr Gefängnis selbst. Die Tür des Gefängnisses ist allerdings immer weit offen. Sie können jederzeit heraus. Wenn sie beginnen, das JETZT wahrzunehmen, ist alles gut. Denn JETZT kannst Du alles so machen, wie Du willst. JETZT kannst Du das Leben gestalten. JETZT kannst Du aus Sorgen und Angstzeit JETZTzeit machen. Die kennt keine Angst. Wenn da noch Angst ist, dann ist es noch nicht JETZT. Dann ist es noch zu groß, das Stück Zeit, dass Du anschaust.«

Der Alte Mann schaute den Lehrer scharf an. »Du warst lang genug ein Gedankenkontrolleur. Es ist Zeit, dass Du beginnst, das JETZT zu erforschen. Ich wünsche Dir viel Spaß dabei.«

Wieder klopfte er ihm hart auf die Brust. »Bleib nicht stehen! Bleib nicht stehen! Bleib nicht stehen!« Dann stand er auf und ging fort. Der Lehrer blieb lange sitzen, wo er war. Die Sonne kam zwischen den Bäumen durch und wärmte ihn. Die Leere in seinem Kopf war wie goldenes Licht. Er konnte nicht anders als zu sitzen und den Rhythmus wahrzunehmen, zu hören, zu sehen, zu spüren, zu riechen. JETZT, JETZT, JETZT.

Gestern, dachte der Lehrer. Gestern noch hatte ich Angst, wenn ich die Kontrolle verlöre, würde ich sterben. Heute denke ich, wenn ich sie hätte, wäre ich tot. Jedenfalls nicht wirklich lebendig. Kontrolle ist etwas, das hat Angst vor morgen. Oder Angst vor gestern.

Ich kann schon planen und denken, wann ich etwas tun soll. Aber ich soll nicht die Zeit damit belasten, dass sie etwas gut machen oder schlecht machen kann. Das kann sie nicht. Die Zeit kann gar nichts. Ich tue was ich tue, immer nur JETZT.

Der Lehrer stand auf und ging nach Hause.

Von diesem Tag an erfand er immer wieder neue Übungen, wie man das JETZT im Leben entdecken kann. Er übte für sich selbst. Und er übte mit seinen Schulklassen: Das JETZT entdecken. Seine Schüler und Schülerinnen wurden alle JETZT-Forscher. Und wundervolle Menschen. Es dauerte seine Zeit und nicht alle hatten den Mut dazu. Aber vielen wurde das JETZT zu einem guten Freund. Und die Zeit und die Kontrolle wurde zu einem Spiel.

Noch etwas ergab sich. Eines Morgens wachte der Lehrer auf und spürte seinen Körper von innen und die Leere war da wie immer und er wusste, dass er wirklich im Bett gelegen hatte und sich hatte tragen lassen von der Matratze und vom Boden. Er stand und er stand, er ging und er ging. Er war einfach nur da. Und das war gut. Richtig gut.

Hier endete der alte Mann seine Geschichte. Seine Zuhörerin war ihm gebannt durch die Geschichte gefolgt. »Und JETZT«, sagte sie, »soll ich mich darin üben, das JETZT zu entdecken?« »Du könntest es zumindest versuchen, wenn Du magst«, sagte der alte Mann. »Und JETZT ist gut gegen Kopfweh?« »Nicht gegen jedes Kopfweh vielleicht. Aber gegen Deines. Und gegen viele andere Rückenschmerzen und Herzschmerzen und manches Rheuma. Dagegen ist JETZT ganz schön gut. Richtig heilsam. Wenn Du dem JETZT ab heute so viel Aufmerksamkeit widmest wie Deinen Kopfschmerzen, geschieht Erstaunliches. Aber setze Dich nicht unter Druck. Denn da würdest Du Dich ja wieder kontrollieren. Beobachte einfach, was geschieht, wenn Du mal für einen Moment im JETZT bist. Entdecke das JETZT in Deinem Leben. Atme. Gehe. Liege. Spüre Dich. Sieh eine Blume. Achte. Achte auf das JETZT. Es geht ganz leicht. Ich wünsche Dir viel Spaß dabei.

Ach – und Übrigens: das JETZT und die Freiheit sind eins.«

Die Tänzerin

Einmal kam zum alten Mann eine jener Frauen, wie man sie in Vorstandsetagen treffen kann und in Universitäten: klug, gebildet, erfolgreich und immer etwas unruhig. Der alte Mann machte mit ihr einen langen Spaziergang. Auf ihrem Weg durch die Streuobstwiesen erzählte ihm die Frau von ihrem Leben zwischen Familie und Beruf. Ihr Mann arbeitete als Berater in der Industrie. Sie selbst hatte einen ähnlichen Beruf gewählt, in dem sie außerordentlich erfolgreich war. Die kleine Tochter der beiden wurde abwechselnd vom Vater oder ihr selbst betreut, und wenn es mal ganz schwierig wurde, sprangen gerne die Großeltern ein.

»Und weißt Du«, sagte die Frau, »ich weiß, dass ich meine Arbeit gut mache, ich weiß, dass ich die Erziehung meiner Tochter ganz gut organisiere, ich bin zufrieden und meistens sogar glücklich im Zusammenleben mit meinem Mann und trotzdem habe ich ständig das Gefühl, dass es nicht genügt, noch nicht ausreicht, dass ich nicht genug leiste. Ich muss natürlich hart arbeiten und ich kann es mir in meinem Beruf nicht leisten, Fehler zu machen oder längere Zeit auszufallen und manchmal macht mir das Angst. Aber das ist es gar nicht so sehr. Es ist, als ob in meinem Kopf einer säße, der mich immerzu antreibt, noch mehr zu tun, noch besser zu sein. Meistens macht mir das sogar Spaß. Ich bin gerne gut. Aber manchmal wäre ich gerne gelassener und gönnte mir eine Pause.«

Wie sie das sagte, wurde die Frau still und sah für einen Moment sehr müde aus.

Dann lächelte sie wieder und schritt aus, als gälte es, ein weit entferntes Ziel zu erreichen. Der Garten des alten Mannes war aber sehr nah. Sie gingen hinein und setzen sich.

Der alte Mann hatte gehört, wie es seine Art war zu hören.

Er saß und sah.
Er sah genau und hörte.
Er hörte genau und fühlte.
Er fühlte genau und roch.
Er roch genau und schmeckte.
Er hörte, wie es seine Art war zu hören.
Er hörte, saß lange und schwieg.

Dann begann er eine kleine Geschichte zu erzählen:

»Ich war einmal«, sagte er, »in einem fernen Land in einer Zirkusvorstellung. Das war ein Zirkus, wie ich ihn aus meinen Kindertagen kannte. Das große runde Zelt war schon etwas schäbig und an vielen Stellen geflickt, aber was macht das schon, wenn der Geruch nach Sägemehl, Tieren und Schweiß Dich sofort hineinnimmt in diese Zauberwelt, in der alles anders ist. Du sitzt mit vielen anderen Zuschauern auf knarrenden Holzbänken, Du hörst den Tusch der Zirkuskapelle und schon öffnet sich der Vorhang zum Einzug der Artisten mit ihren glitzernden Kostümen. Sie winken Dir zu und laden Dich ein, für eine Zeitlang alle Regeln der Schwerkraft und der Schwermut zu vergessen.

Die Vorstellung begann mit einer Nummer, in der die Kinder der Artisten in wildem Galopp auf vier Rappen und vier Schimmeln durch die Manege preschten und dabei die waghalsigsten Kunststücke machten. Die Kleinsten waren vielleicht vier oder fünf Jahre alt und mussten von ihren Eltern auf die Pferderücken gehoben werden. Kaum saßen sie oben, waren sie wie verwandelt und machten die erstaunlichsten Übungen, ohne je zu stürzen.

Dann folgten die Clowns. Einer gefiel mir besonders gut: Wie er sich ständig bemühte, alles richtig zu machen und trotzdem buchstäblich von einem Fettnapf in den nächsten trat, war herrlich anzusehen. Ich konnte kaum sitzen bleiben, so musste ich lachen, als er immer und immer wieder mit treuherziger Miene von seinen klugen Kollegen hereingelegt wurde.

Bei den Trapezkünstlern musste ich wegschauen. Ich hatte Angst um sie, wie sie dort hoch oben in der Zirkuskuppel ohne Netz hin und her flogen, als wären sie Geschöpfe der Luft wie die Vögel.

Da sah ich dann doch lieber in die weit aufgesperrten Rachen der Löwen, die sicher hinter den dicken Gitterstäben in der Manege die mutige Dompteurin anfauchten. Einer der Löwen, der größte, schien so etwas wie ihr Beschützer zu sein. Er achtete streng darauf, dass die anderen Tiere seiner Herrin nicht zu nahe kamen. Zum Dank legte sie sich zum Schluss zwischen seine Pranken und gab ihm einen Kuss auf die große Katzennase.

Dann kam eine Nummer, die ich nie vergessen werde. Eine Frau fuhr auf einem Kunstrad in die Manege, in der die Sägespäne mit einer Plane überdeckt waren. Die Beleuchtung ging bis auf eine Lampe aus, welche der Frau mit ihrem Lichtkegel folgte. Sie tanzte mit ihrem Rad zum Gesang einer einzelnen Klarinette. Erst langsam und fast melancholisch, dann immer schneller drehte sie ihre Kreise zur Musik, bis sie in der Mitte der Manege in einer einzigen glitzernden, rasenden Pirouette endete. Die Musik brach ab und alle wollten schon klatschen, als wir sahen, dass die Frau nun mit Ballettschuhen dastand und der Boden zum Tanzparkett geworden war. Dem Klang einer Geige folgend tanzte sie eine lange, zarte Liebesklage, die so traurig war, dass manche Träne floß im großen Rund. Die Musik endete mit müden, wankenden Bewegungen, die Frau sank zu Boden.

Eine Stille folgte, in der niemand sich zu rühren wagte. Da, als es gerade anfing, unerträglich zu werden, luden der scharfe Klang einer Trompete und fröhliche Trommelwirbel zu einem neuen Tanz ein. Die Frau stand nun mit Rollschuhen an den Füßen und zeigte einen Tanz höchster Lebenslust und Freude. Wir alle im Zelt klatschten mit im Rhythmus der Musik und bejubelten die artistischen Sprünge der Frau. Schließlich lief sie in rasendem Tempo auf der Begrenzung der Manege und holte Anlauf zu einem letzten großen Sprung. Sie sprang, drehte sich kunstvoll in der Luft und landete sicher auf dem Boden. Doch nun trug sie Schlittschuhe und lief über glitzerndes, knirschendes Eis. Elegant glitt sie dahin, drehte ihre Kreise, getragen von der Musik eines ganzen Orchesters. Sie tanzte wie ein Star. Sie war ein Star. Strahlend lächelte sie in die Menge, die atemlos staunend diesem Wunder folgte. Die Musik wurde schneller und lauter und bald schien die Tänzerin den erstaunten Augen der Zuschauer wie ein einziger strahlender Strahl, der sich hoch in die Lüfte erhob. Mitten in diesem höchsten Sprung brach das Orchester ab. Nur eine einzige Oboe hielt den Ton und fiel sofort in eine lustige, alte Melodie. Die Tänzerin aber stand jetzt hoch oben auf einem Ball, den sie geschickt mit ihren Füßen durch die Manege und bis zum Vorhang rollte. Hier brach die Musik ab. Sie sprang vom Ball und lief langsam, begleitet von einem Marsch des Orchesters, unter dem tosenden Beifall des Publikums zur Mitte der Manege, als wollte sie sich dort verbeugen. Doch der Beifall verebbte mehr und mehr und wir folgten staunend einer neuen Verwandlung. Mit jedem Schritt, den die Frau tat, wurde sie älter und älter. Als sie sich schließlich verbeugte, war sie ein altes, müdes Mütterchen, das uns scheu anlächelte.

Alles war still. Mühsam verließ sie die Manege. Erst, als sich der Vorhang hinter ihr schloss, brach frenetischer Beifall los. Was anderes konnten wir tun als klatschen, obwohl es nicht angemessen war?

Nach dieser Nummer gab es noch einige andere Darbietungen, aber diese interessierten mich nicht mehr.

Ich wollte unbedingt diese Künstlerin kennen lernen, die mir etwas Wichtiges über das Leben gezeigt hatte. Was immer sie getan hatte – wie alt sie sich uns auch zeigte – sie war immer nur sich selbst gewesen, nah bei sich und gänzlich unabhängig von unserem Beifall.

Ich hätte ihr gerne viele Fragen gestellt über das Leben und das, was uns treibt. Es ist mir nicht gelungen. Bis heute nicht.«

Der alte Mann sah seine Besucherin fest an. Sie hielt seinem Blick stand. Lange saßen sie beide still.

»Es kommt darauf an«, sagte sie, »die Musik zu hören, die wir in uns haben und nach dieser einen Melodie zu leben.«

»Es gibt«, sagte der alte Mann, »Menschen, die sind Musik.«

Wie das Kind das Wasser befreite

Einmal kam zum alten Mann eine junge Frau, die hatte schon sehr viel gelernt über das Leben. Liebevoll und vor allem fröhlich ging sie mit den kranken Menschen um, die ihr anvertraut waren. Wunderbar machte sie das. Die Leute mochten sie gerne. Sie erzählte dem alten Mann, dass sie manchmal Angst hatte vor ihrer Verantwortung. Die Leute erzählten ihr viel, sie half ihnen gerne, auch die dunklen Seiten ihres Lebens aufzublättern. Es kam aber vor, dass dann die Leute so mitgerissen wurden in ihrem Schmerz über die Wunden, die ihnen das Leben zugefügt hatte, dass sie sich nicht mehr unter Kontrolle hatten. Sie weinten, schrieen, stampften und zuckten unter der Wucht des Schmerzes, der da aus ihnen herausbrach. Die junge Frau hatte Angst davor. Wenn es einmal wirklich schlimm kommt, werde ich dann damit umgehen können?

Davon erzählte sie dem alten Mann.

Der alte Mann saß und sah.
Er sah genau und hörte.
Er hörte genau und fühlte.
Er fühlte genau und roch.
Er roch genau und schmeckte.
Er hörte, wie es seine Art war zu hören.
Er hörte, saß lange und schwieg.

Dann begann er zu erzählen:

Da war einmal ein Mädchen, das war kaum sieben Jahre alt. Es lebte mit seinen Eltern in einem kleinen Haus am Rand der Stadt. Das Haus war umgeben von einem schönen Garten.

Dort spielte das Mädchen oft mit seinen Freunden. Manchmal saß sie stundenlang ganz still im Gras und träumte vor sich hin. »Sie hört wieder dem Gras beim Wachsen zu«, sagten dann die Erwachsenen zueinander. Aber sie ließen sie gewähren.

Eines Tages nun öffnete das Kind leise die Gartenpforte und ging ganz alleine fort. Sie ging über Wiesen und an Feldern vorbei immer weiter. Es war ein schöner Tag. Die Sonne stand hoch am Himmel. Überall roch es nach Sommer.

Die Lerchen standen über den Feldern in der Luft und trällerten ihre fröhlichen Lieder. Das Mädchen ging weiter. Sie kam zu einem Wald. Unter den Bäumen war es kühler. Es war ganz still. Kein Lüftchen regte sich.

Das Kind ging durch den Wald. Dann trat es aus dem Dämmerlicht des Blätterdaches heraus und blickte blinzelnd über ein weites Tal. In der Ferne sah es den Kirchturm ihrer Stadt. Unten im Tal schlängelte sich ein Bach durch die Wiesen.

Dort hinunter sprang das Mädchen jetzt. Sie wollte am Wasser sitzen, den kleinen Tieren im Bach zusehen und sich vom Wasser lustige Geschichten erzählen lassen.

Wie sie nun aber zum Bach kam, da war das Bachbett ganz ausgetrocknet. In ein paar kleinen Pfützen schnappten junge Forellen nach Luft, die Sumpfdotterblumen am Ufer ließen die Köpfe hängen, die Flusskrebschen krabbelten herum und suchten nach Wasser.

Das Mädchen überlegte nicht lange. Sie ging immer weiter das Tal hinauf. Wo war das Wasser geblieben? Schon konnte sie ihre Stadt kaum noch sehen. So weit war sie noch nie gegangen. Sie war ganz allein.

Das Tal wurde enger, rechts und links des Baches standen jetzt Birken und Weiden. Endlich kam sie an eine Stelle, da zwängte sich der Bach durch eine enge Stelle zwischen zwei großen Felsen. Da sah sie es.

Andere Kinder hatten gerade zwischen den Felsen einen Damm gebaut. Sie hatten große Steine genommen, Äste und Grassoden, um dem Wasser den Weg abzuschneiden. Sie hatten ihre Arbeit sehr gut gemacht, denn hinter dem Damm staute sich das Wasser schon zu einem richtigen See. Dunkel stand das Wasser. Manche Birken standen hüfthoch darin. Eine Mäusefamilie hatte sich gerade noch vor den eindringenden Fluten retten können. Nun saßen sie alle auf einem Felsen in der Mitte des Sees. Wenn nicht bald Hilfe kam, würden sie ertrinken, denn das Wasser stieg immer weiter.

Das Mädchen kletterte auf einen der Felsen neben dem Damm und schaute. Da hörte sie Stimmen: » Hilf uns«, sagten die Bäume, »wir ertrinken!« »Hilf uns«, sagte der Mäuserich, »wir kommen hier nicht weg!« »Hilf mir«, sagte der Bach, »ich bin gefangen!«

Das Mädchen hatte Angst. Sie wusste um die Kraft des Wassers. Wenn sie jetzt den Damm wegräumte, würde sie dann nicht das Wasser fortreißen? Wenn sie aber nichts tat, würden weiter unten all die Fische und Krebse sterben, die Blumen verdursten. Was tun?

Endlich fasste sie sich ein Herz und begann, die Dammkrone abzutragen. Das Wasser spritze und sprudelte, so schnell wollte es aus dem Gefängnis heraus. Dann nahm das Kind alle Kraft zusammen und zog und zerrte, schob und hob, bis es einen sehr großen Stein aus dem Weg des Wassers geräumt hatte. Jetzt schäumte das Wasser mit aller Kraft aus dem See. Dem Kind wurden die Beine weggerissen, es verlor seinen Halt und drohte mitgeschwemmt zu werden, aber wie durch ein Wunder bekam es einen Birkenzweig zu fassen und rettete sich ans Ufer.

Oder – war es die Birke gewesen, die ihr den Zweig hingehalten hatte?

Brausend vor Wut über die Gefangenschaft und lärmend vor Glück über die neue Freiheit schäumte das Wasser zurück in das Bachbett, tobte um die Kurven und Kehren, rauschte unter den Brücken, bis es endlich, nach langer Zeit, wieder so ruhig floss wie sonst immer.

Das Mädchen saß reglos auf dem Felsen am Ufer.

»Danke!« sagten die Birken. »Danke!« piepste vielstimmig die Mäusefamilie. Die Tiere kletterten vom Felsen und machten sich auf der Suche nach einer Notunterkunft, bis ihr altes Haus getrocknet sein würde.

»Danke«, flüsterte eine klitzekleine Forelle aus dem Bach. »Danke!« sagte der Bach, »Du hast mich befreit.«

Das Kind saß und lauschte. Dann stand es auf und ging still nach Hause.

Die Nacht der Bestimmung

Immer wieder kamen zum alten Mann Menschen – Männer und Frauen – die nach ihrer inneren Bestimmung suchten. Viele von ihnen waren ihren inneren Zielen schon recht nahe und sich selbst vertraut. Andere lebten einen arbeitsreichen, aber leeren Alltag. Viele waren in ihrem Leben durchaus erfolgreich, aber sie spürten, dass es noch etwas anderes geben könnte.

Einer von ihnen – einer, die schon ein großes Stück gegangen war auf ihrem Weg – erzählte der alte Mann die folgende Geschichte.

Es gab einmal, weit im Süden, ein Land, das war so groß und weit, dass es ein Mensch in seinem Leben gerade einmal umwandern konnte. Das Land war karg und heiß und klar. Endlose, weite, rote Erde drehte sich unter der Sonne dahin. Fast überall war das Land nur spärlich bewachsen von Büschen, niederem Gras und großen, tiefwurzelnden, schattenspendenden Bäumen. In diesem Land lebte ein stolzes und weises Volk. Am Tage arbeiteten die Menschen und trotzten dem Boden ihre tägliche Nahrung ab. Nachts saßen sie um die Feuer und wärmten sich, denn die Nächte in diesem Land waren kalt.

Während sie zusammen saßen vor dem knisternden Feuer und der duftende Rauch des Holzes in den wolkenlosen Nachthimmel stieg, erzählten sie einander Geschichten. Aus langen Nächten, aus unzähligen Geschichten wuchsen im Volk Weisheit und Wissen. Es wuchsen Demut und Gerechtigkeit und tiefe Achtung vor dem Leben. Aus den Nächten unter dem sternendurchfluteten Himmel entstanden Brunnen und grüne Oasen.

Viele neue Wege entstanden in diesen Nächten, die an den Tagen gegangen werden wollten. Glück konnte entstehen: aus Worten, kostbaren Erinnerungen, aus Wärme und Holzrauch. Manchmal war die Macht der Geschichten so groß, dass aus Feuer und Gedanken, aus

Stille und klarem Brunnenwasser etwas ganz Neues, Großes entstand – dann konnte es aussehen, als strahlten am Himmel noch mehr Sterne als zuvor.

Jeder in diesem Volk, jeder Mann, jede Frau, jedes Kind, jeder Greis und jede Greisin hatte eine eigene Bestimmung. Alle Menschen im Volk wussten, dass eine der vielen, vielen Nächte ihre eigene Nacht der Bestimmung sein würde. Sie würden spüren, dass dies ihre Nacht war und tun, was ihnen ihr Innerstes zu tun befahl.

Manche erlebten die Nacht der Bestimmung schon sehr früh – fast als Kind. Manche mussten warten, bis sie beinahe zu den Greisen gehörten. Aber für jeden kam die Nacht. Auch wenn niemand besonders darüber sprach – so achteten doch alle, was in jener Nacht geschah – selbst wenn ein Mensch danach sein Leben sehr veränderte. Nur wer getreu seiner eigenen Bestimmung lebt, kann die ganze Fülle aller Gaben und Fähigkeiten, die ihm mitgegeben sind, für sich und andere in Achtsamkeit nutzen. So dachten die Menschen in diesem Volk, im kargen, weiten, roten Land.

Eine neue Nacht war angebrochen. Menschen saßen um ein Feuer. Der Duft des Rauchs mischte sich mit dem Geruch der heißen Erde, dem kräftigen Aroma sonnentrockenen Grases. Es war sehr dunkel. Der Mond war noch nicht aufgegangen. Nur das Licht des Feuers erhellte die Gesichter. Eine alte Frau erzählte gerade den Kindern ein lustige Geschichte über eine listige Ziege.

Da stand eine der Frauen im Kreis auf. Die alte Frau unterbrach ihre Geschichte und sah sie an. »Heute ist meine Nacht«, sagte die Frau. Die Menschen in der Runde sahen sie still an. »Du sollst behütet sein«, sagte die älteste Greisin in der Runde. »Du sollst behütet sein«, sagten die Anderen.

Dann drehte sich die Frau um und ging hinaus in die Nacht. Sie hatte nichts bei sich als das, was sie auf dem Leibe trug, dazu einen kleinen, leeren Beutel und einen Stab, um sich beim Gehen im unwegsamen Gelände zu stützen.

Sie ging, ohne auf eine besondere Richtung zu achten, wohin ihre Gedanken sie führten. Bald war sie ganz allein. Die Dunkelheit umfing sie wie ein schützendes Tuch. Bald entdeckte sie, dass das Licht der Sterne hell genug war, ihren Weg zu finden.

Beim Gehen hörte sie zunächst nur das Geräusch ihrer Schritte auf der Erde. Dann ihren Atem. Dann das leise Singen des Nachtwinds, der sachte durch die Büsche strich und Abermillionen Sandkörnchen auf dem Boden aneinander rieb. Sie roch die Erde und den Duft der Kräuter. Sie spürte den rauhen Boden unter ihren Füßen. Sie fühlte die Bewegungen ihres Körpers, der Beine, der Arme, ihrer Lungen. Sie nahm wahr, wie der Nachtwind sie umschmeichelte.

Sie ging und ging. Während sie am Anfang noch mit ihren Gedanken bei den Menschen am Feuer gewesen war und dann bei ihrem Alleinsein, wurde sie immer ruhiger und stiller in sich selbst. Sie ging und ging, bis ihr Atem wurde wie der Atem des Windes und ihre Bewegungen ruhig wie der Weg der Sterne am Himmel. Lange ging sie so. Atem und Bewegung wurden eins.

Aus Atem und Bewegung fand sie ihren Weg. Auf dem Weg fand sie Ruhe. Dann hielt sie an. Sie setzte sich auf einen Felsbrocken, der noch die Wärme des Tages abstrahlte.

Da hörte sie die Stille. Es war ganz still. Ihre Gedanken wurden ganz still. Sie war ganz still. Da hörte sie aus der Stille das tiefe, ruhige Summen der Erde, die sich durch das Universum dreht. Sie fühlte das Atmen der Erde. Ihr Atem und der Atem der Erde wurden eins.

Sie sah hinauf zu den Sternen, sie fühlte den festen Boden und die Wärme des Steins unter sich. Es war ganz still.

Sie spürte, wie sie eins wurde mit allem, was sie umgab. Sie war ganz in sich und ganz in allem und alles war ganz in ihr. Da fühlte sie, wie eine große Wärme, eine große, gute Kraft von ihr Besitz ergriff und sich immer weiter wohlig in ihr ausbreitete.

Und aus der Stille hörte sie eine Stimme, die zu ihr sprach: »Es ist gut, dass Du bist. So, wie Du in deinem Innersten bist, gehörst Du hierher in dieses Leben. Du bist ein wichtiger Teil von allem. Alles ist in Dir und lebt in Dir. Du bist ein großes Geschenk. Dein Leben ist ein großes Geschenk. Du hast viele Gaben. Erkenne sie jetzt und benutze sie von jetzt an zum Wohle aller.«

Wieder war alles still. Da merkte die Frau, wie aus ihrem tiefsten Inneren Gedanken hochstiegen. Sie erkannte jetzt, was ihr in großem Maße gegeben worden war. Sie erkannte ihren inneren Schätze und verstand, dass sie diese dadurch sogar noch mehren konnte, indem sie begann, sie zu teilen. In der Stille erkannte die Frau ihren Reichtum.

Sie erkannte ihre Kraft, zu lieben. Sie erkannte ihre Kraft, Neues zu schaffen. Sie erkannte ihren Weg. In der Stille erkannte die Frau ihren Weg.

In der Stille spürte die Frau eine große Kraft in sich wachsen. Sie fühlte das Erwachen einer großen Dankbarkeit, tiefen Glücks.

Und aus der Stille hörte sie eine Stimme, die zu ihr sprach: »Es ist gut, dass Du bist. Genau so, wie Du in Deinem Innersten bist, gehörst Du hierher in dieses Leben. Du bist ein wichtiger Teil von allem. Alles ist in Dir und lebt in Dir. Du bist ein großes Geschenk. Dein Leben ist ein großes Geschenk. Du hast viele Gaben. Benutze sie von jetzt an zum Wohle aller.«

Lange blieb die Frau an diesem Ort. Dann stand sie auf. Sie nahm einen kleinen Stein vom Boden und legte ihn in ihren Beutel. Der Stein würde sie immer erinnern.

Sie ging durch die Nacht. Die Sterne erhellten ihren Weg. Sie kam an einen Brunnen. Ein Wasserkrug stand daneben. Ein Seil lag neben dem Brunnen. Sie füllte das Gefäß und trank. Wie sie trank, wusste sie mit einmal, was sie als Erstes tun wollte, um ihre inneren Gaben von nun an besser zu nutzen.

Sie setzte sich an den Brunnen. Wieder war die Stille da. »Ich weiß jetzt, was ich tun werde«, dachte die Frau bei sich. Sie nahm einen Stein vom Boden und legte ihn in ihren Beutel. Der Stein würde sie immer daran erinnern, was sie tun wollte.

Die Frau ging weiter. Am Horizont färbte sich der Himmel erst rot und wurde dann immer heller. Orangerot, riesig stieg die Sonne auf. Aus den ersten Sonnenstrahlen flog ein Schwarm großer, wunderbar bunter, schillernder Vögel auf sie zu. Unwillkürlich streckte die Frau ihre Arme dem aufgehenden Licht entgegen. Sie stand und war erfüllt von einer tiefen, großen Dankbarkeit.

Als die Vögel ihr nahe kamen, flog einer zu ihr hin und setzte sich ganz sacht auf ihre ausgestreckte Hand. Er sah sie aus klugen, schwarzen Augen an. Fast sah es aus, als lache der Vogel.

Aus dem Rauschen der unzähligen Schwingen der vorbeiziehenden Vögel hörte die Frau von neuem die Stimme. »Es ist gut, dass es Dich gibt. Genau so, wie Du in Deinem Innersten bist, gehörst Du hierher in dieses Leben. Du bist ein wichtiger Teil von allem. Alles ist in Dir und lebt in Dir. Du bist ein großes Geschenk. Dein Leben ist ein großes Geschenk. Du hast viele Gaben. Benutze sie von jetzt an zum Wohle aller. Dein

Leben soll leicht sein wie der Flug eines Vogels. Du sollst behütet sein.« Dann hob sich der Vogel in die Lüfte und flog davon.

Auf dem Boden vor sich sah die Frau einen kleinen hellen Kristall. Sie hob ihn auf und hielt ihn gegen die Sonne. Da konnte sie durch den Kristall die schönsten Farben sehen. Sie legte ihn in ihren Beutel. Der Kristall würde sie an die Leichtigkeit erinnern.

Die Frau ging zurück zu den Ihren. Sie war stark und erfüllt vom Geschehen der Nacht. Sie ging über die rote Erde. Sie ging über das karge, weite Land. Sie ging unter der Sonne. Sie war ganz in sich und ganz in allem und alles war ganz in ihr. Sie ging aufrecht und glücklich.

Sie fand ihren Weg.

Von den rechten Kleidern

Einmal kam einer zum alten Mann, der war voller Träume, voller Pläne und voller Zukunftsmusik. Aber er wusste nicht recht, welcher Zukunftsmusik folgen, an welchen Träumen arbeiten. Er bat den alten Mann um einen Rat, da er sich einfach nicht entscheiden konnte.

Der alte Mann saß und sah.
Er sah genau und hörte.
Er hörte genau und fühlte.
Er fühlte genau und roch.
Er roch genau und schmeckte.
Er hörte, wie es seine Art war zu hören.
Er hörte, saß lange und schwieg.

Dann erzählte der alte Mann eine Geschichte.

Vor langer, langer Zeit lebte in einer kleinen Stadt ein junger Mann. Er war der Sohn guter Bürgersleute und lernte wie sein Vater den Beruf des Baders. Damals gehörte zum Badersberuf nicht nur das Führen des Badehauses und das Haare schneiden, sondern manchmal auch das Zähneziehen und das Heilen allerlei kleiner Gebrechen.

Der junge Mann tat seine Arbeit, wie ihm geheißen wurde. Er machte seine Sache gut. Die Leute mochten seine höfliche, zuvorkommende Art und ließen sich gerne von ihm die Haare und die Nägel schneiden.

Wenn den dicken Ratsherren der Rücken gar zu weh tat, ließen sie sich vom jungen Bader gerade so gerne in heiße Tücher hüllen wie die Handwerker, die sich den Rücken krumm schufteten für ihre Familien.

Der junge Mann sah in seiner Badestube tagein, tagaus all die hohen und niederen Herren und Damen gerade in dem Kostüm, in dem sie der Herrgott auf die Welt geschickt hatte – er konnte keinen Unterschied erkennen zwischen den Armen und Reichen außer dem, dass man bei den Armen die Knochen viel besser zählen konnte und die Zähne seltener zugrunde gingen ob des harten Brotes, das sie immer aßen. Er dachte oft bei sich, was für ein Zufall es doch ist, ob man nun als das eine oder das andere zur Welt kommt.

So mancher Reiche war nur reich, weil sein Vater schon reich gewesen war. So mancher Arme war nur arm, weil die Wege aus der Armut fast so selten für die Armen sind wie der Weg durchs Nadelöhr für einen Reichen.

Der junge Mann träumte oft davon, wie es wäre, wenn einmal jeder Mensch für einen Tag genau das wäre, was er in seinen tiefsten Träumen war.

Denn das wusste der junge Mann von sich selbst: Man kann ein ganzes Leben lang immer neu die wunderbarsten Träume träumen von der Zukunft, von einem anderen Beruf, von einem anderen Leben, von Mut und Liebe, von Kühnheit und Reichtum, von Gesundheit und Glück. So viele Menschen träumen jeden Tag und sehen doch nie einen Traum wahr werden.

Manchmal, wenn der junge Mann in der Badestube das heiße Wasser im Zuber nachfüllte und seine Kunden wohlig entspannt im heißen Dampf saßen, erzählten sie sich solche Träume – und da merkte der junge Mann wohl, dass sich die Träume des reichen und die des armen Mannes oft nicht sehr voneinander unterschieden. Nur das Essen kam nicht so oft vor in den Träumen der Reichen. Davon brauchten sie nicht mehr zu träumen. Das hatten sie schon in Fülle. Man kann nicht mehr von dem träumen, was man schon hat. Wenn man aber wenig hat, ist die Gefahr groß, von zu vielem gleichzeitig träumen zu wollen – und dann können die Träume nicht wahr werden.

Träume brauchen Raum. Wie ein Vogel können sie nicht im Käfig überleben. Träume müssen fliegen, um Kraft zu haben. Wenn es zu viele sind, können sie nicht gut fliegen.

Der junge Bader war einer, der hatte viele Träume. Wenn er Haare schnitt oder Fußnägel stutzte, Rücken schrubbte oder einen Fieberkranken schröpfte, war er oft in Gedanken weit, weit weg. Kaum, dass er die Menschen unter seinen kundigen Händen bemerkte, so sehr war er in den unterschiedlichsten Träumen gefangen.

Mal war er eine großer Heilkundiger, dann war er ein reicher Mann, dann wieder entdeckte er eine unfehlbare Kur für den Rheumatismus oder er war ein Forschungsreisender im fernen Orient. Er liebte seine Träume.

Gab es darunter einen Traum, der wahr werden wollte? Einen Traum, der ganz und gar seiner war? Einen Traum, der ihm seine wahre Bestimmung zeigte? Wie kann ein Mensch seine wahre Bestimmung finden?

Es gibt viele, ungezählte Wege, die wahre Bestimmung zu finden. Die meisten Menschen suchen gar nicht danach. Sie tun, was ihnen vor die Hände kommt und greifen, was ihnen in den Schoß fällt. Wenn sie genug zum Leben haben, sind sie meistens zufrieden.

Bis ihnen einer über den Weg läuft, der seine eigenen Träume lebt. Dann schauen sie ihm sehnsüchtig nach – oder sie folgen ihm sogar, – oder sie schmähen und verachten ihn. Das Letzte ist es, was sie meistens tun.

Der junge Bader träumte viel. Nur, er war auch einer, der gerne gewusst hätte, was denn nun sein innerster, sein tiefster, sein wahrster Traum war, der ihm möglich machen würde, alles zu geben, was er vom Leben geschenkt bekommen hatte. Er wusste es nicht.

Da kam eines Tages eine fahrende Händlerin in die Stadt. Auf ihrem hölzernen Verkaufswagen, der von zwei Maultieren gezogen wurde, stand ein merkwürdiger Spruch. »Hier gibt es Kleider, die Deine Träume zum Leuchten bringen.«

Sobald er sich frei machen konnte, ging der junge Bader zum Marktplatz, wo sie ihren Stand aufgemacht hatte.

Zunächst sah alles so aus wie bei den anderen Händlern und Händlerinnen auch, die ab und an vorbeigezogen kamen. Da hingen Mäntel und Jacken über einfachen Gestellen, da lagen ein paar Hemden und einige warme wollene Pullover. Manche waren bunter als üblich, machen sah man gleich die merkwürdige Form an – aber alles schien aus guten Stoffen genäht und von feinster Wolle gestrickt worden zu sein.

Dann sah der junge Bader die Händlerin. Sie sah ihn aus strahlend großen grauen Augen an und fragte ihn nach seinen Wünschen. »Ich denke, ich brauche eine neue Jacke. Habt Ihr da etwas für mich?« Die Händlerin sah ihn an und lächelte.

»Ich denke schon. Wisst Ihr denn die Farbe, die Ihr bevorzugt?« »So recht weiß ich es nicht«, entgegnete der junge Mann, »vielleicht sollte die Jacke so rot sein wie der letzte Strahl des Sonnenuntergangs?«

Da ging die Händlerin einmal um ihn herum und sah ihn sich genau an. Sie ging zu ihren Kleiderständern. Sie kam zurück mit einer merkwürdigen, knapp geschnittenen grünen Jacke. »Zieht das hier einmal an.«

Der junge Bader war erstaunt, doch zog er die Jacke an.

Schon beim Hineinschlüpfen merkte er, dass er begann, sich wohl zu fühlen. Als er die Jacke zuknöpfte, passte sie wie angegossen.

Hoch aufgerichtet stand der junge Bader und blickte stolz in die Welt. Er sah in den Spiegel, den die Händlerin aufgestellt hatte und erkannte sich kaum darin wieder. Er sah stolz, zufrieden und sicher aus. So wie einer, der ist, wie er ist.

Eben ging eilig einer der Ratsherren vorbei und rief ihm zu – »Ei, was haben wir denn da für einen fröhlichen Forstmann stehen?« Der junge Bader wollte antworten – aber da war der Ratsherr schon weg. Der hatte ihn nicht erkannt, obwohl er ihm doch allwöchentlich den Schweiß vom Rücken kratzte.

Er sah die Händlerin an. »Woher wusstet Ihr das?« »Was?«, fragte sie. »Dass ich immer wieder davon träumte, ein Forstmann zu sein und den Wald und die Tiere zu pflegen. Ich denke immer wieder, dass ich das so gerne tun würde. Und jetzt gabt Ihr mir ein Gewand, dass ganz so ist wie meine Träume.«

»Das«, sagte die Händlerin und lachte dabei, »muss mein Geheimnis bleiben. Aber Ihr saht so sehr nach dieser Jacke aus, dass ich wusste, keine andere würde zu Euch passen. So ist es bei allen Menschen. Viele von uns strengen sich viel zu sehr an, jemand zu sein, der wir nicht wirklich sind. Nur wenige erkennen, dass es viel lohnender und erfolgreicher ist, zu sein, was wir wirklich sind.

Jeder von uns trägt einen Traum in sich von dem, was er wirklich ist. Manchmal können solche Träume nicht leben, weil wir sie in unserer Kleidung verstecken. Wenn man dann zufällig oder aus Absicht etwas anzieht, was dem Traum Raum zum Leben gibt, dann beginnt er zu leuchten und gewinnt Kraft und macht die Menschen zu dem, was sie sind. Wenn es gute Träume sind. Ich habe aber, ehrlich gesagt, noch nie jemanden getroffen, der einen bösen Traum von sich selbst in sich trug. Und jetzt geht hin, und macht Euren Traum wahr!«

So geschah es auch. Der junge Mann kaufte die schöne grüne Jacke, ging nach Hause und wieder an seine Arbeit. Jetzt hatte er ein Ziel. Er wusste, er würde es erreichen. Immer, wenn er zu zweifeln begann, trug er seine Jacke.

Er wurde so, wie er gerne sein wollte.

Und so ist es noch vielen Menschen ergangen, die zu der merkwürdigen Händlerin kamen. Nicht alle, aber doch viele Menschen kauften von ihr Kleider, die ihre Träume stark machten und leuchten ließen. Durch die Kraft der Farben und der richtigen Kleidung wurden einige von Ihnen genau so, wie sie gerne sein wollten.

Die Kristallhöhle

Einmal kam zum alten Mann ein Mann, der suchte so sehr nach dem, was er seine Mitte nannte. Er sagte: »Ich weiß einfach nicht so ganz genau, wer ich bin, wo meine inneren Wurzeln sind. Ich bin einer, der so lange sucht, bis er nicht mehr anders kann als immer weiter suchen. Kannst Du mir helfen, alter Mann?«

Und der alte Mann erzählte ihm eine Geschichte:

Es geschah einmal, fern in jenen Bergen, die in Vollmondnächten den Himmel berühren, dass ein kleines Mädchen geboren wurde. Der Vater war ein ehrbarer Mann, die Mutter eine arbeitsame Frau, die Schwestern waren wohl geratene Kinder. Um dieses Mädchen jedoch war ein Geheimnis. Obwohl es spielte wie die anderen Kinder auch und in der Schule seinen Weg ging, wie es Recht und Ordnung vorsahen – war es doch ein kleiner Wildfang. Da war etwas Wildes, manchmal Weltabgewandtes, manchmal schrecklich Altkluges – immer aber etwas Suchendes um dieses Kind. »Ach, wäre sie doch ein Junge geworden«, dachte der Vater manchmal bei sich, obwohl er seine Tochter von Herzen liebte. Beinahe verzweifelt liebte er dieses Kind, das doch so anders war als andere Kinder. So anders und dann auch wieder ganz genau so. Er hätte nicht sagen können, was das war um dieses Mädchen. Manchmal gibt es Menschen, die haben etwas Altes, obwohl sie jung sind. Manchmal gibt es Menschen, die haben etwas Fremdes, obwohl sie nah sind. Manchmal gibt es Menschen, die haben etwas Nahes, obwohl sie fern sind.

Als das kleine Mädchen älter wurde, spürte es in sich selbst immer mehr von dieser Fremdheit. Es begann zu suchen. Wie aber sucht man, wenn man nicht weiß, was man sucht? Wenn man nicht weiß, wo man suchen soll. Wenn man nicht weiß, wie man suchen könnte.

Das Mädchen suchte.

In den Armen des Vaters, in denen ihm einmal Heimat gewesen war – da war nun keine mehr. Da war jetzt ein unablässiger, namenloser Schmerz. Ja wirklich. Ein unaussprechlicher Schmerz war dort.

Auch in den Armen der Mutter, in denen einmal Heimat gewesen war – da war nun keine mehr. Da war das Nahe und das Fremde, das Geliebte und Gehasste beisammen in einem einzigen Augenblick. Das Mädchen und seine Mutter erschraken darüber. Ohne Worte dafür zu haben, zogen sie sich von einander zurück.

Gerade so ging es dem Mädchen mit seinen Schwestern. Wenn sie beieinander waren und die Spiele der Jugend probierten, war da immer der Schatten des Fremden dabei. Das Unbekannte. Etwas war anders. Es fühlte sich an wie: falsch. Oder vielleicht war nichts falsch? Vielleicht war alles so, wie es sein musste? Wer konnte das wissen?

Das Mädchen machte sich auf in die Welt und zog fortan seiner Wege durch tiefe, dunkle, schartige Schluchten, über sonnenbeschienene, warme, sanfte Almen, durch Dörfer und Städte hin zu den allerhöchsten Gipfeln der Berge. Von diesen hieß es, dort stolperten die Winde und fielen mit Föngebraus hinab ins Tal.

Aus dem Mädchen wurde eine junge Frau, eine Erwachsene, schließlich eine erfahrene Sucherin. Man konnte sogar schon erste Spuren des Alterns entdecken, da war sie immer noch auf der Suche. Etwas in ihr suchte immer noch nach der wärmenden, bergenden, großen Hand des Vaters, in die das Kind seine kleinen Fingerlein ganz hinein verstecken konnte. Dieses beharrliche, arme, kleine Kind, das wurde nie erwachsen, wie alt die Frau auch wurde.

Schließlich kam die Frau ganz hoch oben in den Bergen zu jener Einsiedlerin, zu der sie auf ihrem Weg schon so manche Menschen gewiesen hatten.

Sie fand herzliche Aufnahme in der einfachen Hütte der einsamen Frau auf den Bergen. Gleich fühlte sie sich wohl und geborgen und vergaß, dass draußen ein heftiger Wind blies, der einem die Gedanken schwer durcheinander wirbeln konnte, wenn man nicht aufpasste.

Die Einsiedlerin war eine jener Frauen, deren Alter niemand wissen konnte. Sie war groß und rund und warm. Nichts an ihr wirkte, als ob sie irgendwelche Entbehrungen litt. Trotz der Kälte ging sie in der Hütte barfuß. Sie war einfach da. Zu Hause. Sie war ein Mensch, der nichts mehr zu Vergleichen hatte.

Ruhig und schweigend bereitete sie einen dampfenden Kräutertee, schnitt eine Scheibe von einem großen Laib Brot und setzte beides ihrem Gast vor.

Schweigend sah sie ihr beim Essen zu.

Beide saßen in der hereinbrechenden Dunkelheit, die nur vom Flackern des Feuers in der offenen Brennkammer des Holzherdes erhellt wurde.

Nach dem Essen zündete die Einsiedlerin ein Licht an und bedeutete ihrem Gast, ihr zu folgen. Sie traten in einen kleinen Nebenraum. Der war vollkommen kahl. Kein Schmuck, kein Symbol – nichts zierte die Wände. Auf dem Boden lagen einige Schaffelle. Die Einsiedlerin stellte das Licht neben der Tür ab. Sie setzten sich einander gegenüber.

Tiefes Schweigen senkte sich über die beiden Frauen.

Anfangs war die suchende Frau noch aufgeregt. So viele Fragen waren ihr im Kopf, so viele Worte. Dann wurde sie müde – und doch gleichzeitig hellwach.

Ihr war, als ob ihr Körper in einen tiefen Schlaf fiele, während ihr Geist auf höchst wache und achtsame Weise eine Reise anträte. Sie vergaß die Zeit und alles, was um sie war. Das Licht und die kraftvolle Präsenz der Einsiedlerin hüllten sie sicher ein.

In dieser Sicherheit saß die Frau eine lange Zeit. Szenen ihres Lebens huschten vor ihren inneren Augen vorbei. Vergangenes, Visionäres, sogar Bilder, die anmuteten wie aus vergangenen Leben. Sie sah sich in einer unendlich langen Geschichte, wollte so gerne das eine oder andere festhalten – allein, alles entschwand, versank in der Stille der einsamen Klause.

Die Suchende hatte schon so weite Wege zurückgelegt und so viel gelernt. Sie hatte so viel Schmerz angehäuft und wieder losgelassen, so viele innere Bilder gesehen. So viel war da, worüber zu reden sie vorgehabt hatte. Alles entschwand in der Stille dieses winzigen Raumes. Mit etwas Wehmut und dann schließlich doch erleichtert ließ sie es gehen. War es für immer?

Endlich wurde der Strom der Gedanken und Fragen leiser, bedeutungslos in der Stille der stillen Kammer. Das Licht war fast erloschen.

Schweigend stand die Einsiedlerin auf und führte ihren Gast zu einer kargen, aber angenehmen Schlafstatt in der Wohnstube. Sie selbst zog sich wieder in die Kammer zurück.

Für einen Moment fragte sich die suchende Frau, ob die Einsiedlerin nie schlief oder aß, dann fiel sie selbst in einen tiefen, traumlosen Schlaf. Früh am anderen Morgen wachte sie erfrischt und lebendig wie selten auf. Sie fühlte sich wohl und leicht. Heute wollte sie die Einsiedlerin aber doch noch viele Dinge fragen und auch von sich erzählen. Sie war neugierig und wollte so gern zeigen, was sie schon alles gelernt hatte. So sollte die Einsiedlerin sie besser verstehen. Sie wollte so gerne verstanden werden. Wer sich verstanden fühlt, ist nicht mehr einsam.

Nach einem Frühstück aus Tee und Brot und einem kleinen Stück Käse sagte die Einsiedlerin nur: »Wir machen einen Ausflug.« Sie zogen sich an und traten vor die Hütte. Draußen lagen die Gipfel der Berge im hellsten, strahlendesten Morgenlicht, das rötlich schimmerte. Unten im Tal war es noch dunkel. Die Einsiedlerin hatte einen Rucksack dabei und trug jetzt derbe Schuhe, die schon manchen Felsenweg gegangen waren. Sie sagte nur: »Komm!« Rasch ging sie, ohne sich umzuschauen, auf kaum sichtbaren Pfaden zügig voran. Der Weg führte an steil aufragenden, grauen Felsen entlang, die unendlich tief in das Dunkle des Tales abfielen. In einem Dorf weit unten erloschen gerade die letzten Lampen der Nacht. Hier oben war es wie in einer anderen Welt. Klar, still, unendlich klar und hell – und bitter kalt.

Der suchenden Frau wäre es sicherlich himmelangst gewesen, hätte sie diesen Weg alleine gehen müssen. Heute aber fühlte sie sich vollkommen sicher und geborgen.

Der Weg zwang sie, mit allen Sinnen zu gehen. Sie spürte den Stein, sie roch den Stein, sie hörte den Wind und das Scharren der Sohlen auf dem Fels. Sie atmete die Natur ein, die einfach war. Kraftvoll, gefährlich und sicher, klar und eindeutig. Schnörkellos. Einfach da. »Alles hier ist einfach bloß so da«, dachte die Frau und stolperte, als sie sich über diese klugen Worte freute. Ein Stück weiter führte der Weg sogar unter einem Wasserfall hindurch, der über Felsvorsprünge donnernd silberhell ins Tal hinuntersprang.

Das fallende Wasser war wie ein Sog. Fallen, einfach fallen lassen wollte sich die Frau und erschrak zutiefst vor sich selbst. Ihr wurde schwindlig. Sie wäre sicher abgestürzt, hätte nicht unvermittelt die Einsiedlerin mit fester Hand nach ihr gegriffen. Schweigend gingen sie weiter. Plötzlich öffnete sich vor ihnen eine Höhlung im grauen Fels. Sie traten ein. Matt schimmerte das Licht an den Wänden, die ganz aus Kristall zu bestehen schienen. Der Boden der Höhle war ausgewaschen und glatt. Vielleicht war hier einmal ein Wasser durchgeflossen. Aber das musste lange her sein – die Höhle sah aus, als wäre sie schon seit unendlicher Zeit von den Menschen aufgesucht worden. Nicht, dass man wirklich viele Spuren von Menschen gesehen hätte – aber dort lagen Aschenreste von einem Feuer – und neben einer Höhlung im Boden, in der wunderbar klares Wasser stand, lag ein einfacher, offensichtlich uralter irdener Becher. In einer Nische lagen Felle. Die Einsiedlerin deutete darauf. Dann gab sie ihrem Gast einen Beutel mit Brot und getrockneten Früchten.

»Hier bleibst Du. Ich komme wieder und hole Dich ab, wenn es Zeit ist«, sagte sie. Dann trat sie aus der Höhle und war verschwunden.

Die Frau stürzte zum Höhleneingang und sah sich um – aber da war schon niemand mehr zu sehen. Nichts war zu hören als das Sirren des Windes in den Felsnadeln.

Sie schaute sich um. Es war, als wäre selbst der Weg zur Höhle verschwunden. Sie war gefangen. In ihr stiegen alle möglichen Gedanken auf.

Sie fühlte sich wie ein Kind, das von der Mutter verlassen wird. Zuerst war da Sorge. »Wie lange werde ich alleine bleiben müssen?« Der Magen zog sich ihr zusammen vor Schreck, und sie begann zu frieren.

Dann kam die Angst. Machtvoll packte sie das Herz der Frau. Jene tiefe Angst, wie sie nur die kleinen Kinder kennen. Unaussprechliche, namelose, zähneklappernde Angst.

Nach der Angst kam die Wut. Tiefe, grollende Wut auf die Einsiedlerin, die sie hier allein gelassen hatte. Wut auf sich selbst, denn schließlich hatte sie sich selbst hierher in diese Kristallhöhle gebracht, die jetzt ihr Tod sein würde. In ihrer Wut schrie sie, brüllte, wütete in der Höhle herum, bis sie vollkommen erschöpft war.

Aus der Wut wurde die Trauer. Schwere, lähmende Trauer, die sich endlich in einem verzweifelten Weinen löste, in dem sie sich selbst als den verlassensten Menschen der Welt erlebte. Niemand war da, ihr zu helfen. Sie rief nach der Mama. Sie rief nach dem Papa. Sie rief nach den Schwestern und allen Männern und Freunden ihres Lebens. Sie rief nach Gott. Sie rief nach der Einsiedlerin. Alle Engel und alle Wettergeister rief sie an, sie in ihrer Trauer zu trösten. Niemand kam. Niemand hörte sie als der kristallene Fels. Der aber zeigte ihr nichts als ihr mattes, schemenhaftes Spiegelbild im blitzenden Kristall.

Schließlich verebbten die Tränen und sie setzte sich lachend hin. Redete sich ein, dass die Einsiedlerin bald wieder käme und alles eine gute Schau wäre. Sie redete mit sich, sang, sprach sich gut zu, tanzte hin und her, richtete sich einen Platz zum Sitzen ein, aß etwas von dem Brot, irrte ruhelos zwischen den Wänden hin und her, trat schließlich vor die Höhle und blickte hinab ins Tal, wo über grün wallenden Almen die wärmende Sonne am sattblauen Himmel stand. Sie sang ein Lied aus ihrer Kindheit hinaus in diese herrliche Welt inmitten der Berge. Mitten im Lied brach sie ab. Ihre Stimme hatte keine Kraft mehr. Nichts geschah.

Sie setzte sich wieder, nur um gleich wieder in Sorge zu verfallen, in Angst, in Wut, in Trauer und in dieses anstrengende Gefühl der Verstellung. Sie hatte so ein Empfinden, als sei nichts mehr an ihr wirklich echt. Sie ging mit sich ins Gericht und begann zu fragen, was an ihr denn wirklich echt sei. Wirklich ihres, ganz und gar. Nichts Gelerntes, Angelesenes, Anerzogenes, Angelebtes.

Was war an ihr echt, ursprünglich? Sie begann immer mehr zu fragen, was es war, das sie mitgebracht hatte durch all die Zeiten, vielleicht sogar durch all ihre früheren Leben, falls es so etwas gab. Was war ihres? Was echt?

Schließlich, nach langen Stunden, versank die Sonne hinter den Bergen und verabschiedete sich mit einem letzten Aufglühen der Berggipfel gegenüber der Höhle von ihr. Die Frau rollte sich in die Schaffelle und schlief sogleich ein.

Anderntags wachte sie auf – und alle Angst, die sie gequält hatte, war plötzlich verschwunden. Von all den vielen Fragen, die sie der Einsiedlerin hatte stellen wollen, war keine übrig geblieben. Nichts war geblieben von all den wunderbaren Lehren, die sie all die Jahre über gehört hatte. Nichts war geblieben als ein Satz. »Was ist echt?«

Der Gedanke füllte sie ganz und gar aus. Ihren Kopf, ihren Leib, ihre Glieder, jede einzelne Zelle. Alles sagte: »Was ist echt?«

Sie saß, ohne sich vom Fleck zu rühren. Tausendfach, millionenfach gaben ihr die Kristalle in der Höhle den Ruf zurück: »Was ist echt?«

Sie saß und sann und nichts in ihr wusste die Antwort. Nirgends in ihrer Geschichte war eine Antwort. In keines Menschen Armen, in keiner Lehre, nirgendwo.

Wo aber dann? »In mir«, dachte die Frau.

Aber diesen Satz hatte sie wohl schon tausendmal gelesen in all den Büchern und ebenso oft gehört und selbst gesagt. Jetzt war dieser Satz: »In mir ist die Antwort.« wie ein Hohn. Wie sollte sie die Antwort finden in einem leeren Raum?

»In mir ist die Antwort. In mir ist die Antwort nicht. In mir ist die Antwort.«

Sie saß lange. Sann. Sann, während draußen ein neuer Tag aufstieg. Die Morgensonne tauchte das Innere der Höhle in ein gleißendes Licht. Sie konnte kaum sehen, so hell reflektierte der Fels das Licht. Sie saß wie gebadet im Licht.

Sie schaute auf ihre Hände und sah, dass das Licht durch sie hindurch leuchtete. Hell und weiß und auch rot. Sie stand auf und bot sich dem

Licht dar, das aus der Sonne und aus allen Kristallen auf sie einfloss wie ein unendlicher, wärmender, klärender Strom.

Das Ganze dauerte nur wenige Minuten. Dann war die Sonne weiter aufgestiegen. Noch immer war es hell und warm in der Höhle, aber die Intensität des vergangenen Augenblicks war vorbei. Nur die Kristalle schienen das Licht in sich aufgenommen zu haben und schimmerten, schillerten in allen Regenbogenfarben.

Die Frau setzte sich und wurde ganz leer.

Tiefes Schweigen senkte sich über sie. Ihr war, als ob ihr Körper in einen tiefen Schlaf fiele, während ihr Geist auf höchst wache und achtsame Weise eine Reise anträte.
Sie vergaß die Zeit und alles, was um sie war. Das Licht hüllte sie sicher ein.
In dieser Sicherheit saß die Frau eine lange Zeit. Wieder huschten Szenen ihres Lebens von ihren inneren Augen vorbei. Vergangenes, Visionäres, sogar Bilder, die anmuteten wie aus vergangenen Leben. Sie sah sich in einer unendlich langen Geschichte, und immer wieder war es – als zögen diese Szenen nur vorüber, um in ein großes Licht einzugehen. Sie wollte so gerne das eine oder andere festhalten – allein, alles entschwand, versank in der Stille und im Licht.

Endlich verebbte der Strom der Gedanken und Fragen. Da war Ruhe. Leere. Sie verharrte in dieser Leere. Nicht Gedankenlosigkeit. Aber vollkommene Unwichtigkeit der Gedanken.

Das hier war echt.

Ihre Gedanken kamen und gingen wie der sanfte Pulschlag der Wellen auf dem Sand. Nichts hatte wirkliche Bedeutung in diesem Licht. Die einzige Bedeutung war es, jetzt gerade hier und nirgendwo sonst zu sein.

Ihr war, als würde sie eins mit dem Fels.

Ihr Atem, alles wurde langsamer und langsamer, bis sie das Empfinden hatte, den Fels selbst, die Erde atmen zu fühlen. Sie atmete im Gleichmaß mit der Erde. Sie saß in der Mundhöhle der Erde und spürte dem Atem der Erde an ihr vorüberziehen. Hinein, hinaus. Sanft. Gleichmäßig. Sicher. Geduldig. Die Kristalle sangen dazu ein uraltes Lied.

Sie wusste nicht, ob es Tag war oder Nacht. Sie verlor jedes Gefühl für die Zeit. Sie war einfach da und es gab nichts außer ihr selbst. Ihr Körper war eine Hülle. Ihr Schicksal war ein Spiel, ihr Suchen nichts als eine Handbewegung des Schicksals. In ihr gab es einen ruhenden, sicheren, namenlosen, unbeschreibbaren Ort – da war sie echt. Zu Hause. Es gab kein Ziel mehr.

Plötzlich hörte sie Flügelschlag.

Sie hörte das Flügelschlagen und es war ihr, als flöge sie selbst. Als sie die Augen öffnete, landete gerade ein großer Rabe am Höhleneingang. Er sah sie mit klugen, schwarzen Augen unverwandt an.

»Ein schönes Empfinden, ein gutes Wissen, nicht wahr?«, sagte der Rabe in ihrem Kopf.

Sie wunderte sich nicht, dass er mit ihr sprach und sagte nur einfach »Ja«.

»Es gibt schon noch ein Ziel«, sagte der Rabe. »Solche Erlebnisse hattest Du schon manchmal. Schon öfter hast Du Dich eins gefühlt mit dem Universum und allen Menschen. Mehr als einmal bist Du lang gesessen und hast geatmet. Du kennst das schon, wie das ist, wenn man durch die Angst hindurch gewandert ist. Bisher bist Du nach jedem dieser Momente neu aufgebrochen, weil es doch noch einen Zweifel in Dir gab. Doch noch ein Suchen. Doch noch eine Frage. Hier kommst Du nicht mehr weg, es sei denn, Du könntest fliegen. Ich hab Dir ein paar Körnchen Salz mitgebracht. Salz verbindet oben und unten. Koste es.«

Sprach es – und flog davon.

Die Frau blieb zunächst ganz ruhig. Sie fühlte sich vollkommen geborgen. Sie war gefangen. Ja, das stimmte, aber was machte das schon? Die Einsiedlerin würde sie gewiss abholen.

Sie kostete von dem Salz. »Wieso verbindet Salz oben und unten?« In Ihr stiegen alle möglichen Gedanken auf.

Sie fühlte sich wie ein Kind, das vom Vater verlassen wird. »Papa, warum kann ich Dich nicht spüren? Dich nicht wahrnehmen? Warum gehst Du?« Zuerst war da wieder die Sorge.

Dann kam die Angst. Machtvoll packte sie das Herz der Frau. Jene tiefe Angst, wie sie nur die kleinen Kinder kennen. Unaussprechliche, namelose, zähneklappernde Angst. Noch tiefer als am ersten Tag zog sie die Angst hinein in sich selbst.

Nach der Angst kam die Wut. Tiefe, grollende Wut auf den Vater, der sie hier allein gelassen hatte. Zuerst wollte sie sich die Wut nicht erlauben – denn sie hatte doch gerade so etwas Schönes, Unendliches erlebt. Die Wut war nicht erlaubt angesichts so wichtiger, heiliger Erlebnisse, wie sie sie gerade hatte! Aber die Wut war stärker und riss sie mit sich fort, bis sie schimpfend und schreiend und anklagend ihr Schicksal verfluchte und all die Menschen, die sie im Lauf ihres Lebens verraten, verlassen, hintergangen und nicht beachtet hatten. Und das waren viele gewesen. Der Vater zuerst. Vielleicht, weil er manchmal zu nahe gewesen war.

Aus der Wut wurde die Trauer. Schwere, lähmende Trauer. Sie weinte ein Meer von Tränen über all das Verlorene und das namenlose Suchen und vor allem über ihre Einsamkeit, die immer da gewesen war, so lange sie fühlen konnte. Immer und überall. Inmitten der Menschen, in der liebenden Vereinigung, nie war die Einsamkeit von ihrer Seite gewichen. Sie hatte es sich so oft gewünscht, hatte sich und andere belogen mit schnellen, schönen Worten und tiefen Empfindungen. Oft sogar hatte sie den innersten Ort gestreift und ihn doch wieder verloren. Ist es nicht schlimmer, diesen Ort zu berühren in seiner ganzen Kraft als ihn niemals auch nur zu ahnen? Sie weinte. Sie war so verlassen. Sie rief nach Menschen. Sehnte sich so sehr nach irgend einem Menschen. Sie rief nach dem Vater. Oder wenigstens nach dem Raben. Sie rief nach Gott. Alle Engel und alle Wettergeister rief sie an, sie in ihrer Trauer zu trösten. Niemand kam. Niemand hörte sie als der kristallene Fels.

Der aber zeigte ihr nichts als ihr mattes, schemenhaftes Spiegelbild im blitzenden Kristall.

Schließlich verebbten die Tränen. Sie setzte sich hin. Die Fülle und das Gefühl des Einsseins vom Morgen war verflogen. Es hielt sie nicht lang auf ihrem Platz, sie aß etwas von dem Brot, irrte ruhelos zwischen den Wänden hin und her, trat schließlich vor die Höhle und blickte hinab ins Tal, wo über grün wallenden Almen die Sonne am sattblauen Himmel stand. Wieder versuchte sie ein Lied zu singen. Sie versuchte, im Lied das Licht des Morgens zurück zu rufen. Es gelang ihr mit Worten. Ihr Inneres hatte es nicht ganz vergessen – aber da war nur noch ein matter Schimmer übrig.

Schließlich wurde es Abend und die Sonne grüßte sie mit einem letzten Aufglühen vom gegenüberliegenden Gipfel. Sie legte sich hin und schlief ein.

Als sie wieder erwachte, war es noch dunkel. Nur ein leichtes, dunkel schwarzblaues Schimmern kündigte den neuen Tag an. Sie leckte an dem Salz, das ihr der Rabe dagelassen hatte und trank aus der Höhlung im Boden.

Dann setzte sie sich in die Mitte der Höhle und wurde still. Sie erwartete sehnsüchtig den neuen Tag. Und wieder geschah dasselbe wie am Tag zuvor. Nur war sie dieses Mal ganz vorbereitet und reckte sich mit ihrem ganzen Wesen dem Licht entgegen.

Die Morgensonne tauchte das Innere der Höhle in ein gleißendes Licht. Sie konnte kaum sehen, so hell reflektierte der Fels das Licht. Sie saß gebadet im Licht. Sie schaute auf ihre Hände und sah, dass das Licht durch sie hindurch leuchtete. Hell und weiß und auch rot.

Sie stand auf und bot sich dem Licht dar, das aus der Sonne und aus allen Kristallen auf sie einfloss wie ein unendlicher, wärmender, klärender Strom.

Sie spürte, wie das Licht in ihr arbeitete, spürte körperlich, wie ihre Zellen und sogar ihre Gedanken das Licht aufnahmen. Sie spürte deutlich, wie sie leicht wurde wie das Licht selbst und gleichzeitig erdig wie der Fels unter ihr.

Sie saß und sann und erlebte eine unendliche Stille. Sie war zu Hause. Im Frieden. In der Stille. In sich. Dieses hier war echt. Nichts mehr zu suchen. Heute nahm sie den Atem der Erde wieder wahr.

Und dieses Mal kam noch hinzu, dass sie wusste, wie alles aus diesem einen Licht genährt und gespeist wird. Was immer ist und wie immer alles ist.

Die Erde atmete Licht. Also atmete sie auch Licht, trank Licht, aß Licht, genoss Licht, versprühte Licht.

Tatsächlich. Sie streckte ihr Hände aus und deutete auf das Innere der Höhle. Sie hatte Lust, Licht zu senden und schon leuchteten die Kristalle in allen Farben. Sie konnte das Licht schicken.

Sie spielte mit dem Licht wie ein Kind. Selbst die Häuser unten im Tal strahlte sie an aus ihrer sicheren Höhle. Sie vergaß die Zeit und alles um sich her und spielte selbstvergessen. Für den Moment gab es keine Fragen. Gar keine.

Dann saß sie still im Höhleneingang, atmete leise ein und aus und war da.

Zur Zeit der Abenddämmerung kam der Rabe und setzte sich ihr gegenüber. Still saß er da. Sie saß still da.

»Nur wenn Du Deine Wurzeln sicher hast, kannst Du fliegen. Ohne Wurzeln keine Flügel«, sagte er und war verschwunden. Die Frau hörte die Frage, verstand sie nur halb und legte sich zum Schlafen nieder.

Als sie erwachte, war es draußen noch ganz dunkel. Sie hatte keine Ahnung, wieviel Uhr es war. Die Sterne leuchteten am Himmel zwischen den Wolken, eine blasse Mondsichel schickte fahles Licht. Das Tal lag in tiefem Schwarz. Müde blinzelten ein paar Straßenlampen von ferne zwischen den Häusern hervor.

Die Frau saß am Höhleneingang und ließ ihre Beine über den Abgrund baumeln. Die schwarze Tiefe lockte sie immer noch – aber es war wie eine Ahnung von etwas längst Vergangenem, was da an ihr zog.

»Ich habe immer und mit allem, was ich lernte und tat, versucht, mir die Welt zu erklären. Ich habe mir zu erklären versucht, warum ich so bin wie ich bin, weshalb ich dies oder jenes tue, warum meine Eltern gerade so waren, warum dieser Mensch so und der andere anders war – ich habe für alles eine Erklärung gesucht. Von Kindheit an. Ich habe immer nur versucht, mir die Welt zu erklären und mir zu erklären, warum ich so fremd bin und warum ich suche. Was für eine Verschwendung an Zeit und Energie! Ich habe einfach diese Eltern. Mein Vater ist mein Vater, weil er mein Vater ist. Basta. Er war, wie er war. Sonst nichts.

Meine Mutter war, wie sie war. Alles war so, wie es war. Wie viele Erklärungen hatte ich, wie viele Erklärungen habe ich verworfen? Wie viele Jahre meines Lebens habe ich darauf verwendet, mir und anderen die Welt durch meine Erklärungen verstehbar zu machen. Ich wollte die Welt verstehen, damit ich endlich einen Platz hatte in ihr. Zu sonst nichts. Ich wollte meinen Platz finden. Weil ich das nicht schaffte, habe ich mich mit meinen Wurzeln nicht versöhnt. Weil meine Erklärungen nie genug waren, blieb immer eine leise Fremdheit zwischen mir und meiner Familie, meinen Eltern und allem. Ich wollte das Fremdsein wegerklären. Und meinen Vater – den wollte ich mir auch erklären. Diesen Mann, der mir so fremd geblieben ist und so nah. Die ganze Welt konnte ich mir erklären. Den Vater nie. Das ist es. Ich wollte mir den Vater erklären.

Ich bin zu der Einsiedlerin gegangen, weil ich von ihr die Welt erklärt haben wollte. Deswegen wollte ich so viele Fragen stellen und so viel erzählen. Jetzt sitze ich hier in der Höhle und niemand erklärt mir etwas. Ich kann niemandem eine Rede halten und erzählen, was ich verstanden habe von der Welt. Und meinen Vater erklärt mir das auch nicht.«

Die Frau sah hinaus in die Nacht. »Papa...«, flüsterte sie, »Papa...!«

Dann kroch sie zurück zwischen die wärmenden Felle, murmelte noch ein paar Mal »ich geb's auf, ich geb's auf«, und schlief wieder ein.

Im Traum erschien ihr der alte Rabe. »Fürchte Dich nicht. Fürchte Dich nicht. Die Welt ist, wie sie ist. Es gibt nichts zu erklären. Das Leben ist, wie es ist. Es gibt nichts zu erklären. Du bist ein Teil von allem. Strebe nicht nach mehr. Du kannst nicht zwei Teile sein. Du kannst nicht weniger als ein Teil sein. Fürchte Dich nicht und versöhne Dich endlich. Es gibt niemanden, der für Dein Handeln verantwortlich wäre als ganz allein Du selbst. Fürchte Dich nicht. Höre auf, Dich zu vergleichen. Weder innen noch außen. Handle im Bewusstsein, dass alle Wesen wie Du auch Respekt, Achtsamkeit, Sicherheit, Nahrung für Leib und Seele, Freiheit, Liebe und Angenommensein bei Gott ersehnen. Fürchte Dich nicht, denn dies alles ist längst Dein von Anbeginn an. Du bist ein Kind Gottes. Teil des Lichts, das ER ist.«

Im Traum entgegnete sie dem Raben. »Hör auf mit Deinem Geschwätz. Ich weiß, dass Du recht hast. Deine Worte sind wahr und heilig und alles. Ich kenne diese Worte. Und dennoch fühle ich mich immer so fremd. Ich glaube, ich möchte, dass einmal noch, ein einziges Mal mein Vater da ist, mich auf den Schoß nimmt und ich bei ihm zu Hause bin. So richtig zu Hause.« Sie weinte im Schlaf.

Da war mit einem Mal der Vater da. Er nahm sie auf seinen Schoß und sie war wieder ein kleines Mädchen und er ein junger, starker Mann. Sie sah ihn an aus verliebten Kinderaugen. Er sah sie an aus liebenden Vateraugen. Fest hielt er sie im Arm. »Du bist mein Kind. Ich bin Dein Vater und Du bist mein Kind. Ich habe Dich gezeugt, weil Du werden wolltest. Eine Zeit lang waren wir zusammen. Jetzt bist Du groß und kannst alleine gehen. Aber ich bin immer Dein Vater. Und Du bist immer mein Kind. Wenn Du in Deine offene Hand schaust, wirst Du in den Linien Deiner Hand immer mich sehen, und meinen Vater, und dessen Vater und alle Deine Ahnen. Wir sind da. Deine Wurzeln. So wie Deine Hand immer da ist, sind wir immer da.«

Im Traum sah das kleine Mädchen auf seine Kinderhand und sah tatsächlich darin ihren Vater und dessen Vater und alle Ahnen.

»Ja, Du bist mein Papa. Du bist bei mir. Und die Mama auch. Auch wenn ich gehe. Auch wenn ich wütend bin auf Euch. Oder versöhnt. Egal, wie ich zu Euch stehe, Du bist immer mein Vater und die Mama ist immer meine Mutter. Ich bin Euer Kind. Weil ich das so wollte. Weil es so gut ist.«

Getröstet kugelte sich das Kind in den Vaterarmen zusammen und ließ sich in den Schlaf wiegen. Die Frau lächelte leise im Schlaf.

Am Morgen erwachte sie mit den ersten Sonnenstrahlen. Wieder begann das Spiel des Lichts. Sie sog das Licht in sich auf. Jede einzelne Zelle öffnete sie, füllte sie mit heilendem, strahlendem Licht, millionenfach gespiegelt aus den Kristallen im Mund der Erde.

Sie saß und atmete. Ihr wurde leicht und leichter zumute. Fast schwerelos fühlte sie sich an.

Sie nahm von dem Salz und trank von dem Wasser, das sie der Sonne entgegenhob und merkte, wie fest sie auf der Erde stand. Sie spürte ihr Gewicht. Es war ein Gefühl der Versöhnung in ihr.

Sie war versöhnt mit der Erde, der Luft, dem Licht und dem Dunkel. Sie war eins mit sich und dieser Erde, auf der ihre Füße schritten. Sie konnte jetzt ganz und gar die Verantwortung übernehmen für ihr Leben. Schöne Gefühle waren nicht mehr wichtig. Wichtig war zu wissen, dass sie da war, weil sie da sein WOLLTE. Aus ihrer eigenen tiefsten Wurzel heraus hatte sie dieses Leben gewählt. Es lag an ihr. An niemand sonst.

Ein tiefes Gefühl von Dankbarkeit gegenüber der großen Quelle, aus der alles kommt, durchflutete sie. Und ein Gefühl grenzenloser Freiheit. Sie atmete lange aus. Und mit jedem Ausatmen konnte sie viele, viele Fragen und viele Geschichten einfach gehen lassen. Die Erklärungen über die Welt wurden immer unwichtiger. Sie atmete aus und ließ all die inneren Bilder von sich und all den anderen Menschen los, mit denen sie sich verbunden fühlte. Sie atmete aus und wurde freier und gelöster. Im Einatmen begann statt dessen ein neues Schauen. Ein Schauen, ohne Erklärungen. Ein Schauen, das einfach nur sah.

Es gab unendlich viel mehr zu schauen als je zuvor. Alles erstrahlte nun in seiner ganz eigenen Schönheit und Kraft. Sie saß ganz still und genoss jeden einzelnen Augenblick. Die Zeit versank im Atem.

Schließlich bemerkte sie, dass die Einsiedlerin neben ihr saß. Sie hatte ihr Kommen nicht bemerkt. »Komm«, sagte die Einsiedlerin. »Wir gehen«.

Sorgsam legten sie die Felle an ihren Ort zurück.

Die Einsiedlerin ging zu einer Stelle im Hintergrund der Höhle und hob dort einen kleinen Kristall vom Boden auf, gab ihn der Frau. »Für Dich. Falls Du mal wieder Erklärungen brauchen solltest.« Beide lachten.

Der Stein leuchtete in allen Farben des Regenbogens.

Vom Glück der Traurigkeit

Einmal kam zum alten Mann eine Frau, die trug in sich eine tiefe Traurigkeit. Wie so viele Menschen hatte sie viele Trennungen hinter sich. Verwandte und Freunde waren gestorben. Manches hatte sie zutiefst verletzt. Die Frau erzählte dem alten Mann von ihrer Traurigkeit und davon, dass sie diese nun schon viele Jahre in sich verschlossen hielt. Sie hatte Angst, überflutet zu werden von der Traurigkeit, mitgerissen zu werden in einer ungeheueren Welle, wenn sie dieser Traurigkeit erlauben würde, ans Licht zu kommen.

Die Frau hatte Tränen in den Augen, als sie dies erzählte – aber sie konnte die Tränen nicht fließen lassen.

Der alte Mann saß und sah.
Er sah genau und hörte.
Er hörte genau und fühlte.
Er fühlte genau und roch.
Er roch genau und schmeckte.
Er hörte, wie es seine Art war zu hören.
Er hörte, saß lange und schwieg.

Dann erzählte ihr der Mann eine Geschichte:

Vor vielen Tausenden von Jahren, als der Mensch geschaffen wurde in all seiner Schönheit und Freiheit, mit all seinen Gaben und Erkenntnissen, da wurde ihm auch die Fähigkeit mit auf den Weg gegeben, sich selbst und andere zu erkennen. Seither lernen Menschen tagein, tagaus, wer sie sind, was sie lieben und was ihnen nicht gefällt. Es wurde dem Menschen auch die Fähigkeit mitgegeben, das Glück zu finden. Weil das Glück so schön ist und die Menschen ganz und gar erfüllen kann, suchen sie alle das Glück. Sie finden es manchmal in sich und manchmal in anderen Menschen. Sie finden es an den unmöglichsten Orten und zu den unmöglichsten Zeiten. Wenn sie das Glück gefunden haben, möchten sie es gerne festhalten. Aber das Glück wandert gerne und verlässt die Menschen nach einer Zeit, die nur das Glück selbst kennt. Das Glück hat viele Feinde: Den Hass, den Neid, die Nichtbeachtung, die Vergesslichkeit, die Untreue; manchmal ist auch der Tod sein Feind.

All die Feinde des Glücks suchen es zu vertreiben und aus der Welt zu verbannen. Aber das Glück ist klug und leicht und gewitzt. Es lässt sich nicht aus der Welt vertreiben. Und das Glück hat eine starke Schwester. Die hilft ihm. Das ist die Trauer. Nur verstehen das manchmal die Menschen nicht. Darum sperren sie die Trauer ein, wenn sie ihr begegnen. Da wird die Trauer wütend und hadert und plagt die Menschen so lange, bis sie an irgend einer Stelle wieder hinauskann. Manchmal aber sind die Menschen so stark, dass sie die Trauer erst im Tod entlassen können.

Einmal nun geschah es, dass das Glück eben eine Frau verlassen hatte. Die Frau hatte das Glück schon lange nur am Rockzipfel halten können. Schließlich war das Glück gegangen. Für die Frau war es, als wäre in ihr eine einzige große Wunde. Sie sah die Wunde, sie betrachtete sie jeden Tag und wollte sie nicht heilen lassen. Denn die Wunde erinnerte sie an das verlorene Glück. Das tun die Menschen manchmal, dass sie einen Schmerz festhalten, weil er sie an ein Glück erinnert. Es gibt sogar Menschen, die halten an einem Schmerz fest, der sie nur an eine Hoffnung auf das Glück erinnern kann.

Da entdeckte die Trauer die Frau. Sanft glitt sie der Frau ins Herz und sagte: »Lass mich ein wenig bei Dir sein und meine Arbeit tun – ich weiß immer, wo das Glück gerade ist. Wenn Du magst, werde ich Dich dorthin bringen.«

Die Frau hörte die Trauer nicht. Viele Menschen hören die Trauer nicht. Die Frau hörte nur den Schmerz und sah die Wunde. Sie spürte die Trauer, aber sie hatte Angst vor ihr, denn sie wusste nicht, dass die Trauer die Schwester des Glücks ist.

Sie nahm die Trauer und verschloss sie fest in den Tiefen der Wunde. Sie verschloss die Trauer mit einem dichten Netz aus Schmerz und ließ ihr nur einen tiefen, dunklen Raum. In dem sollte die Trauer fortan leben.

Aber die Trauer liebt die dunklen Räume nicht. Sie kennt sie gut, diese Räume mit Schmerzwänden und Schutzmauern aus Angst. Die Trauer möchte heraus aus diesen Räumen, ans Licht möchte sie und ihre Schwester finden.

Lange hielt die Frau die Trauer in ihrer Wunde fest. Die Trauer saß in ihrem dunklen Raum und dachte nach, wie sie wieder hinaus und zu ihrer lieben Schwester kommen könnte.

Die Trauer ist klug. Darum ließ sie die Frau krank werden, dass sie zur Ruhe kommen sollte. Doch die Frau verschloss den Raum nur noch fester. Die Trauer führte die Frau in die Nähe des Glücks, weil das manchmal die Pforten öffnet, damit die Trauer ihre Arbeit tun kann. Die Frau blieb stark und hielt ihre Wunde und ihren Schmerz fest.

Da nahm die Trauer der Frau die Kraft. Die Frau wurde müde und erschöpft. Sie sah sich an. Die Frau erkannte die Wunde, die sie lange Zeit tief in sich versteckt hatte und sah, dass die Trauer darin war. Allein, sie hatte große Angst, die Wunde zu öffnen und die dicken Wände aus wohlgepflegtem Schmerz.

»Lass mich heraus!« sagte die Trauer zu der Frau. »Ich habe Angst, dass ich verloren gehe, wenn ich Dich herauslasse«, sagte die Frau. »Ich bringe Dich zum Glück«, sagte die Trauer. »Wie soll das gehen – Du bist doch die Trauer und dem Tod viel näher als dem Glück.«

»Vertrau mir«, sagte die Trauer. »Das Glück ist meine ältere Schwester. Ich werde Dich zu ihr bringen.«

Für einen Moment konnte die Frau die Trauer sehen. Sie sah, dass die Trauer sehr schön war. Und die Frau sah für einen kleinen Moment ein Bild des Glücks. Sie erkannte, dass Trauer und Glück wirklich Geschwister sind.

»Es fällt mir schwer, Dir zu vertrauen«, sagte die Frau. »Warte«, sagte die Trauer, »ich will Dir zeigen, was geschehen wird, wenn Du mich meine Arbeit tun lässt.« Ein tiefer Schlaf fiel über die Frau. Sie hatte einen Traum. In ihrem Traum sah sie, wie die Trauer sich in ihrer dunklen, wunden Kammer erhob und die Schmerzwände zerteilte. Aus der Kammer flossen Ströme ungeweinter Tränen. Die Trauer stand dabei und achtete darauf, dass die Frau nicht von den Tränenströmen weggespült wurde. Die Trauer war stark und schön wie ein Engel.

Die Wände der Kammer wurden zu Klagen und Wut. Kraftvoll und reinigend, mit tiefen Tönen trugen sie ein Lied in die Welt. Die Trauer war da und achtete, dass die Tonstürme die Frau nicht umwarfen. Mit den Tränenströmen und den Klagen wurden viele kleine Schmerzkammern geöffnet und leergespült, die die Frau noch gar nicht gesehen hatte.

Die Trauer stand da, stark und gut, und achtete darauf, dass der Frau nichts geschah. Je länger sie stand, desto mehr freier Raum entstand in der Frau. Eine große, heilende, sanfte Wolke von Leichtigkeit und Klarheit füllte den leergewordenen Raum aus.

»Es ist gut, loszulassen«, sagte die Trauer zu der Frau. Und die Frau sah jetzt, wie sie losgelöst und leicht auf einer Lichtung im Wald tanzte.

Es war hell. Die Sonne wärmte sie. Da waren Blumen, Vögel zwitscherten. Ein Bach floss über die Wiese. Es roch nach sonnenwarmem Gras und trockenem Holz.

»Es ist gut, loszulassen«, sagte die Trauer. »Aber da ist noch mehr. Aus Trauer und Loslassen und Leichtigkeit wird Lebensfreude.«

Wieder sah sich die Frau auf der Lichtung. Wieder tanzte sie. Aber wo sie vorher noch leise, vorsichtig, sanft getanzt hatte, war ihr Tanz jetzt kraftvoll und überschäumend. Sie lachte, selbst die Blumen schienen zu lachen. Die Tiere lachten. Der Wald lachte. Der Bach lachte. Die Luft duftete nach Lachen. Mut wuchs aus dem Lachen. Mut und Lebenskraft.

Die Frau spürte die Kraft in sich wachsen.

»Es ist gut, voller Lebensfreude zu sein«, sagte die Trauer. »Aber da ist noch mehr. Aus Trauer und Loslassen und Leichtigkeit und Lebensfreude wird Heilung.«

Und die Frau sah, wie sie auf der Lichtung saß.

Es war alles still und kraftvoll. In sich fühlte sie eine große Ruhe, die sie von innen her auszufüllen begann, die sie streichelte wie eine sanfte, weise Hand. Und sie sah, dass sie geschützt war. Umgeben von vielen, vielen schützenden Kräften.

Sie war heil. Sie war geschützt. Sie war geborgen. Lange blieb die Frau so. Es war gut, heil zu sein. Heil und geschützt.

»Es ist gut, heil zu sein und geschützt«, sagte die Trauer. »Aber ich will Dir noch mehr zeigen. Aus Trauer und Loslassen, aus Leichtigkeit und Lebensfreude und aus Heilung kann Vertrauen wachsen.«

Und die Frau sah sich, wie sie, umgeben von vielen schützenden Kräften und im Bewusstsein von Kraft und Heilung auf einem Weg war, heraus aus dem Wald hin zu den Menschen. Sie sah sich durch Städte gehen und Menschen treffen. Sie sah Menschen, die ihr wichtig waren. Sie sah Orte, die ihr wichtig waren. Sie ging und war heil und geborgen und spürte plötzlich, wie neben ihr das Vertrauen ging. Das Vertrauen sagte: »Du bist heil und geschützt und geborgen und Du kannst überall hingehen. Ich bin bei Dir.« Die Frau spürte, wie das Vertrauen nicht nur neben ihr, sondern auch in ihr war. Sie war heil und voller Vertrauen.

Das Vertrauen war groß. Das Vertrauen machte ihr Mut. Das Vertrauen machte sie ruhig und sicher. Das Vertrauen war immer da. Das Vertrauen war fest mit ihr verbunden.

Die Frau ging weit und lang mit dem Vertrauen. Es war ein guter Weg. »Es ist gut, zu vertrauen«, sagte die Trauer. Aber ich will Dir noch mehr zeigen: »Aus Trauer und Loslassen, aus Leichtigkeit und Lebensfreude, aus Heilung und Vertrauen kann noch mehr wachsen. Sieh hin!«

Jetzt sah sich die Frau auf einem weiten Platz. Sie war umgeben von hellem Strahlen, das sich weit in die Unendlichkeit ausdehnte.

Sie hob die Arme und drehte sich in einem Wirbel aus Kraft und Freude. In ihr wuchs ein neuer Satz: »Sei Du selbst!« In diesem Satz war Aufforderung und Bestätigung zugleich.

»Ich bin; ich bin es wert; ich darf sein, die ich bin; ich darf wollen, was ich will.« Ihre Gedanken wurden leicht und fröhlich. Ein tiefes Gefühl der Freude war überall in ihr. »Sei Du selbst.«

»Es ist gut, sich selbst zu sein«, sagte die Trauer. Aber ich will Dir noch mehr zeigen. Aus Trauer und Loslassen, aus Leichtigkeit und Lebensfreude, aus Heilung und Vertrauen, aus Dir selbst will noch mehr wachsen. Finde es jetzt!«

Und plötzlich sah die Frau sich an einem unbekannten Ort. Es war sehr ruhig. Alles war da und tief in ihr. Sie war sich selbst. In ihr war das Vertrauen, die Heilung, die Lebensfreude, die Leichtigkeit, das Loslassen. Da war aber noch mehr.

Die Frau konnte es lange nicht fassen, nicht beschreiben.

Farben umspielten sie. Weite umgab sie. Sicherheit war in ihr und um sie. Kraft war in ihr und um sie. Fülle war in ihr und um sie. Leere war in ihr und um sie. Da wuchs in ihr etwas Neues.

Es gab nichts mehr zu tun. Nichts mehr zu suchen. Es war gut. Sie war angekommen. Alles war angekommen. Auch das Glück war da. Der Ort hieß Da-sein. Alles in mir und ich in allem. Ich in allem und alles in mir. Alles in mir und ich in allem. Ich in allem und alles in mir.

Die Frau blieb lange an diesem Ort, der in ihr war, der sie war, der außer ihr war und überall. Dann ging sie langsam zurück. Die Erinnerung blieb fest in ihr.

Sie war angekommen.

Vertrauensvoll, geheilt, stark und voller Lebenskraft, leicht und losgelöst von allem Schweren ging sie zurück.

Am Ende des Wegs traf sie wieder die Trauer. »Darf ich jetzt meine Arbeit tun?«, fragte die Trauer. Und die Frau erinnerte sich an alles, was sie gesehen hatte.

Und sie vertraute.

Sie nahm die ausgestreckte Hand der Trauer und sagte »Ja, jetzt weiß ich, dass Du es gut mit mir meinst. Lass uns gemeinsam tun, was zu tun ist.«

Und es kam alles so, wie die Frau es im Traum gesehen hatte.

Sie fand die Leichtigkeit, die Lebensfreude. Sie fand Heilung und Vertrauen. Sie fand ihren Ort.

Sie fand das Glück.

Der Wasserträger

Einmal kam eine Frau zum alten Mann, die war wirklich völlig erschöpft. Sie hatte sich ein Leben lang abgerackert, um ihren Kindern ein gutes Leben zu ermöglichen. Der Mann war ein liebenswerter aber letztlich lebensunfähiger Trinker gewesen. Als sie sich von ihm trennte, hatte sich die ganze Familie gegen sie gestellt. Die eigenen Kinder hatten sich abgewandt und hielten nur noch aus der Distanz den nötigsten Kontakt.

Das alles war schon lange her. Sehr lange. Und doch lebte sie damit – wie uns so oft die alten Geschichten begleiten. Die immer noch sehr schöne Frau hatte so sehr nach einem Weg gesucht, für sich selbst Frieden zu finden und für die Familie. Die alten Geschichten hatten ihr eine tiefe innere Wunde in den Leib gebrannt. Sie war wirklich von Schmerzen geplagt und war schon seit sehr langer Zeit auf der Suche nach dem, was wirklich IHRES war. Sie hatte so vieles versucht, und es doch nicht gefunden.

Der alte Mann hörte ihr lange zu.

> Er saß und sah.
> Er sah genau und hörte.
> Er hörte genau und fühlte.
> Er fühlte genau und roch.
> Er roch genau und schmeckte.
> Er hörte, wie es seine Art war zu hören.
> Er hörte, saß lange und schwieg.

Ich will Dir eine kleine Geschichte erzählen, wenn Du magst, sagte er dann zu der Frau. Magst Du sie hören? Die Frau nickte.

Zu einer Zeit, als es noch Menschen gab, die andere zu Sklaven machten ,lebte einmal in einem fernen Land ein Sklave. Er war ein ganz normaler Sklave – so wie viele andere auch.

Es gab Küchensklaven und Haussklaven, es gab Sklaven in den Gärten und den Werkstätten, es gab Sklaven in den Steinbrüchen und auf den Schiffen der reichen Händler. Manche Sklaven ersetzten ihren Herren die Ochsen, andere die Esel. Geschlagen wurden sie gerade so viel oder noch mehr als die Tiere. Viele von diesen Sklaven waren schon als Sklaven geboren, andere waren auf fremden Märkten von ihren Herren eingekauft worden, wieder andere waren durch Armut in die Sklaverei ihrer neuen Herren geraten. Wer einmal Sklave geworden war, der hatte kaum eine Chance, jemals wieder aus der Sklaverei entlassen zu werden. Nur manchmal, an hohen Feiertagen oder wenn ein Herr einen Sklaven besonders gerne mochte, gab er ihm einen Freibrief und entließ ihn in die Freiheit.

Der Sklave, von dem ich erzählen will, der war ein Wasserträger. Er war ein Wasserträger, seit er denken konnte. Irgendwann einmal hatte man ihm aus starkem, schweren Holz ein Joch gemacht. Der Schreiner hatte damals wirklich gut gearbeitet und hatte ihm das Joch sorgfältig angepasst. Das Joch wurde mit sehr starken Lederriemen am Körper des Sklaven befestigt. Da saß es nun fest. Seit vielen Jahren.

Jeden Morgen vor Sonnenaufgang stand der Sklave auf und ging zum Brunnen der Stadt, um für seine Herrschaft frisches Wasser zu holen. Ein großer Eimer hing an einem Haken rechts, ein großer Eimer hing an einem Haken links. Der Sklave holte das Wasser zum Waschen, das Wasser zum Trinken, das Wasser für die Wäsche, das Wasser für die Küche, das Wasser für den Garten. Den ganzen Tag ging er hin und her zwischen dem Brunnen und dem Haus. Wenn seine Herrschaft ein Fest veranstaltete, musste er sehr schnell laufen auf seinem Weg, um der Bestrafung durch die gestrenge Großmutter zu entgehen, die kein gutes Haar an ihm ließ, wenn er einmal säumig zu sein schien. Besonders fürchtete der Sklave die Söhne der Herrschaften, die gerne einmal einen Eimer des kostbaren Wassers nahmen und in den Staub der Straße vor dem Haus schütteten, nur um den Wasserträger zu ärgern. Allein, der Wasserträger sagte selten etwas. Er trug das Wasser und hing seinen Gedanken nach. Rechts ein schwerer Eimer, links ein schwerer Eimer. Wenn in der Trockenzeit der Regen länger ausblieb, musste er manchmal sehr weit zum nächsten Brunnen laufen, um das Wasser zu bekommen. Dann hatte sogar seine Herrschaft ein Einsehen und verbot den Söhnen, den Wasserträger zu ärgern.Abends, nach getaner Arbeit, wenn das letzte Geschirr abgespült war, durfte auch der Wasserträger rasten. Er nahm niemals sein Joch ab – er war daran festgeschnallt. So schlief er denn mit seinem Joch und in seinem Joch und gewöhnte sich so daran, dass das Joch ihm fast so sehr zu einem Körperteil wurde wie seine Arme und Beine.

Er war einfach der Wasserträger. Für alle in der Stadt war er der Wasserträger, und sein Joch gehörte zu ihm wie ein paar zusätzlicher starker Arme, an denen schwere Wassereimer sicher getragen wurden.

Manchmal war er stumm, manchmal sang er kleine selbsterfundene Lieder vom Wassertragen wenn er seine langen Wege ging. Er war sehr zuverlässig und niemals krank. Nur einen kleinen Diebstahl gestattete er sich jeden Tag. Wenn ihn die Herrschaft nach der Arbeit für die Nacht entließ, machte er immer noch einen letzten Weg zum Brunnen. Dort schöpfte er einen Eimer Wasser für sich, um sich zu waschen und zu trinken. Und er schöpfte einen Eimer Wasser für die kleine Einsiedelei, die nicht weit entfernt vom Brunnen stand. Früher einmal musste diese Einsiedelei ganz einsam weit draußen vor der Stadt gelegen haben. Jetzt aber war die Stadt gewachsen und die Häuser waren immer weiter hinaus in die trockene Savanne gebaut worden. Noch immer strahlte die Einsiedelei mit ihren hohen Mauern einen große Würde aus. Auch um sie herum war es ganz still. Ein paar Mönche lebten da – sehr zurückgezogen und die meiste Zeit im Gebet versunken. Nur wenn jemand sehr, sehr krank war und kein Arzt mehr helfen konnte, kamen manchmal Leute und klopften an der Tür der Einsiedelei. Dann trat einer der Mönche heraus und ging mit den Hilfesuchenden mit. Meist saß er nur am Bett des Kranken und schwieg, manchmal legte er ihm die Hände auf.

Manchmal wurden die Kranken dann gesund – aber auch wenn sie nicht gesund wurden – dann war es, als ob ein großer Friede in das Haus eingekehrt wäre. Die Leute gingen nicht zu oft zu den schweigsamen Männern, aber sie achteten sie und ließen sie in Ruhe. Jeden Abend füllte der Wasserträger als letzte Tat einen Tontopf, der immer neben der Tür der Einsiedelei stand. Das tat er, klopfte kurz an der grobe Holztür, und ging, ohne sich umzudrehen, nach Hause, wusch sich, aß, was ihm die Küchensklaven gegeben hatten und schlief erschöpft ein.

Eines Tages nun geschah es, dass die Sklaven dieses Landes einen Aufstand begannen. Der Wasserträger hatte davon gewusst, denn Wasserträger hören viel auf ihren Wegen. Aber er unterstützte den Aufstand nicht. Er trug sein Wasser weiter vom Brunnen zur Herrschaft, als sei nichts geschehen. Dann aber siegte der Aufstand und die befreiten Sklaven liefen durch die Straße und Gassen und verkündeten den großen Sieg.

Als sie den Wasserträger sahen, lachten sie und nahmen ihm die Wassereimer ab und tranken sich satt mit dem Wasser, das für seine Herrschaft bestimmt gewesen war.

»Du bist frei, Wasserträger, Du bist frei!«, riefen sie. Einer nahm ein großes, scharfes Messer und schnitt dem Wasserträger die schweren Lederbänder durch, die ihm das Joch so viele Jahre auf den Schultern gehalten hatten.

Das Joch fiel zu Boden. Der Wasserträger stand erstaunt. Sah schweigend in die Gesichter der Umstehenden. Schwieg. Reckte sich. Richtete den müden Rücken auf. Begann zu strahlen. Er machte ein paar Schritte, als wolle er tanzen. Dann durchzuckte ihn ein unendlicher Schmerz. Die Schultern, der Nacken, der Rücken, die Beine – alles tat ihm so weh, dass er aufschrie in wildem Schmerz. Die anderen Sklaven erschraken, als sie sahen, wie sehr das Joch sich in den Jahren eingegraben hatte in den Körper des Wasserträgers, wie seine Muskeln und Knochen sich um dieses Joch herum geformt hatten. Die Haut unter dem Joch war ganz verhornt und hart wie das Holz, das sie gehalten hatte. »Gebt mir mein Joch wieder«, sagte der Wasserträger keuchend vor Schmerz. Sie legten es ihm wieder auf – da war der Schmerz erträglich, ließ ganz nach.

So blieb der Wasserträger ein Wasserträger.

Und auch des Nachts schlief er mit dem Joch, denn er konnte den Schmerz nicht ertragen, den es ihm bereitete, wenn das Joch nicht da war. Noch lange ging es so.

Dann, eines Nachts, hatte der Wasserträger einen wilden Traum. Im Traum griff er rechts und links nach den Holmen, die so lange wie ein weiteres Paar starker Arme für ihn gewesen waren. Er träumte, wie er nach diesen Holmen griff und sie mit aller Kraft nach vorne und unten zog. Seine Muskeln schmerzten, sein Nacken schmerzte – endlich gab es einen lauten Knall und das Joch zerbrach.

In diesem Moment erwachte der Wasserträger und sah, dass er wirklich das Joch aus schwerem Eisenholz zerbrochen hatte. Wieder durchfuhr ihn dieser unsagbare Schmerz wie beim ersten Mal, als er das Joch abgelegt hatte.

Diesmal aber konnte er das Joch nicht wieder auflegen. Er stand auf, vom Schmerz getrieben, nahm die beiden Enden seines Joches auf, wie ein Kind das ein zerbrochenes Lieblingsspielzeug hält und lief, vom Schmerz getrieben, hinaus in die Savanne. Er sah nicht, wohin er ging, ging und ging hinein in den heraufsteigenden Tag, ging einen ganzen Tag lang und eine halbe Nacht. Dann brach er erschöpft an einer einsamen Wasserstelle zusammen und trank. Es wurde kalt, wie es nur in der Wüste kalt werden kann. Der Wasserträger hatte seinen Feuerstein dabei und entfachte schnell ein kleines Feuer. Und weil dies das einzige Holz weit und breit war, verbrannte er im Feuer die beiden Enden seines Jochs und ließ sich von ihm wärmen und vor den wilden Tieren schützen.

Am Morgen, als er erwachte, wollte der Wasserträger seine Feuerstelle bedecken, wie es die Art der Menschen in der Wüste ist, und so die Asche wieder der Natur zurückgeben, auf dass sie der kargen Erde Kraft gebe. Wie er aber in die warme Asche fasste, fand er darin zwei wundervolle glitzernde Edelsteine. Die waren so schön und rein, dass sie bestimmt ein Vermögen wert waren. Der Wasserträger hob sie auf und ging in die Stadt zurück.

Andern Tags, als er wieder dort ankam, verkaufte er einen der Edelsteine und bekam einen sehr guten Preis dafür. Dann tat er drei Dinge, von denen er schon lange geträumt hatte.

Er wusch sich ausgiebig und kaufte sich ein grobes, aber gutes neues Gewand. Das war das Erste.

Dann ging er in ein Straßencafé in einer der Straßen, an dem er so oft vorbeigelaufen war. Die Kellner erkannten ihn, staunten, lächelten und gaben ihm gleich den allerbesten Platz. Der Wasserträger bestellte sich einen süßen, starken Tee und ein wenig Gebäck. Dann saß er still und schaute dem Treiben auf der Straße zu. Die Leute ließen ihn in Ruhe. Sie freuten sich mit ihm und sahen, dass er gerade ein ganz besonderes Fest feierte. Das war das Zweite.

Danach holte der Wasserträger aus seiner Hütte einen der Wassereimer, die er dort zurückgelassen hatte, und ging damit zum Brunnen. Er schöpfte das Wasser und trug es die wenigen Schritte bis zur Tür der Einsiedelei. Dort klopfte er an.

Einer der Mönche kam und öffnete ihm die Tür.

»Ich bringe das Wasser«, sagte der Wasserträger. »Und ich bringe mich.«

»Willkommen«, sagte der Mönch, der seit Jahren nicht mehr gesprochen hatte. »Willkommen, wir haben auf Dich gewartet.« Seine Augen strahlten dabei.

»Ich möchte gerne für ein Jahr bleiben«, sagte der Wasserträger.

»Ein Jahr oder länger oder kürzer. Hier bist Du zu Hause«, sagte der Mönch und zeigte ihm den Weg.

Der alte Mann schwieg.

Sein Gast sah ihn an. Die Frau schwieg lange. »Manchmal ist es schwer, einen alten Schmerz loszulassen«, sagte sie.

»Manchmal scheint es leichter, den alten Schmerz zu behalten. Aber es lohnt sich doch«, sagte der alte Mann.

Vom Atem des Meeres

Einmal kam zum alten Mann einer, der sah traurig aus. Traurig und verwirrt. »Meine Mutter stirbt. Sie stirbt schon viele Jahre lang an dieser bösartigen Krankheit. Immer wieder erkämpft sie sich ein paar Monate Aufschub, ein paar Wochen, und doch sehen wir alle, wie das Leben in ihr immer mehr abnimmt. Alter Mann, wie ist das mit dem Sterben?«

Der Gast schaute den alten Mann mit großen, braunen Augen erwartungsvoll an.

Der alte Mann saß und sah.
Er sah genau und hörte.
Er hörte genau und fühlte.
Er fühlte genau und roch.
Er roch genau und schmeckte.
Er hörte, wie es seine Art war zu hören.
Er hörte, saß lange und schwieg.

Dann sagte er zu seinem Gast: Ich will Dir eine kleine Geschichte erzählen.

Denk Dich einmal ans Meer. Denk Dich an diesen großen, weiten Strand. Du kannst gehen und gehen und immer wird das Meer zu Deiner Linken sein, das Land zur Rechten. Wenn Du Dich umwendest und zurückgehst, ist es derselbe Strand, doch wird alles anders sein. Nicht nur wird das Meer zu Deiner Rechten sein und das Land zur Linken. Auch mit Deinen Augen und Ohren wirst Du immer wieder Neues entdecken. Und Du setzt Dich nieder am Strand und schaust den Wellen zu. Sie kommen und gehen, wie ein Atem. Ruhig manchmal. Manchmal wild und rau. Wie eine atmende Brust hebt und senkt sich das Meer vor Dir. Du siehst die Wellen und hörst das Wasser. Du riechst den Wind vom Wasser her und schmeckst den salzigen Geschmack der Luft. Wenn Du lange genug bleibst und sitzt, kann es geschehen, dass Du zu einem Teil des Strandes wirst. Dann kann das Meer Dir eine Geschichte erzählen. Lass Dir Zeit und höre dem Meer zu.

Einmal geschah es an genau diesem Strand vor vielen, vielen Jahren, dass sich eines Abends der Himmel verdunkelte, als wollte er den Mond und die Sterne und alles Licht auslöschen. Ein Sturm kam auf, wie ihn noch keiner erlebt hatte. Die Fischer im nahegelegenen Dorf blieben zu Hause und verschlossen fest die Läden ihrer Häuser. Der Wind rüttelte und wütete zwischen den Häusern. Der Wind trieb die Wellen krachend ans Ufer, als wolle er das Land mit wütenden Schlägen für eine unbekannte Schuld strafen. Fahle Blitze zuckten durch das Dunkel, rollende Donner ließen die Kinder ängstlich in den Armen ihrer Eltern zusammenzucken. Wer in dieser Nacht draußen auf dem Meer war, musste untergehen. Endlich legte sich der Sturm und es wurde still.

Früh am nächsten Morgen trafen sich die Fischer im ersten Licht des Tages am Strand. Zum Glück hatten sie ihre Boote hoch hinauf aufs Trockene gezogen – dennoch waren einige Netze weggeflogen und hingen wie riesige Spinnweben zwischen den Hütten. Der Strand lag übersät mit Treibgut. Bald liefen die Kinder am Strand entlang und suchten dort nach Schätzen, die das Meer angespült hatte. Die Frauen sammelten das Treibholz, denn damit ließ sich gut Feuer machen und aus den großen Stücken wohl auch einmal ein Möbel zusammenzimmern.

Alle hatten zu tun und waren froh, dass dem Dorf kein größerer Schaden entstanden war. Plötzlich rief ein Junge: »Schaut mal aufs Wasser!« Er deutete aufgeregt hinaus aufs Meer. Dort, weit draußen, trieb ein Boot. Offensichtlich war niemand darinnen. Sofort machten die Fischer eines ihrer größeren Boote fertig und sechs der Stärksten legten sich kräftig in die Riemen und ruderten hinaus. Sollte tatsächlich ein Schiff draußen gewesen sein in der Nacht? Wie sollte ein so kleines Boot den

Sturm überstanden haben? Lag womöglich noch jemand darin, der Hilfe brauchte? Hatte sich das Boot irgendwo losgerissen im Nachbardorf? Vom Strand aus sahen die zurückgebliebenen Dorfbewohner, wie die Männer das fremde Boot erreichten. Sie sahen, wie sich einer hinüberbeugte und ein kleines Bündel herausfischte.

Dann ruderten sie zurück an den Strand, als gälte es, ein Wettrennen zu gewinnen. Das fremde Boot nahmen sie dabei in Schlepp. Schon vom Wasser aus riefen sie: »Es ist ein Kind!« Aufgeregt rannten ihnen die Leute entgegen, zerrten das schwere Boot an Land, und endlich lag das kleine Bündel in den Armen der alten erfahrenen Hebamme. Vorsichtig öffnete sie die Decken. Drinnen lag, völlig blaugefroren, aber lebend, ein kleiner Junge von wenigen Wochen.

»Na, mein Wasserkind, wir wollen mal sehen, ob wir Dich nicht hochpäppeln können«, sagte die alte Frau, rief einige der jungen Mütter zu sich und zog brummelnd davon zu ihrer Hütte, in der sie seit vielen Jahren ganz allein lebte. Die Männer blieben am Strand zurück und versuchten, am Boot irgend ein Zeichen seiner Herkunft zu entdecken. Sie fanden nichts. Das Boot war leer, kein Namenszug zierte das Holz. Und, was sie alle besonders wunderte – das Boot war innen fast trocken. Ein Wunder bei diesem Sturm.

Die Hebamme nahm den Jungen bei sich auf. Die Leute aus dem Dorf versuchten herauszufinden, woher das Boot gekommen war, wessen Kind der Junge war. Es war unmöglich. So wurde das Wasserkind der Sohn des ganzen Dorfes. Sie beschlossen, ihn »Heinrich vom Wasser« zu nennen. Als er noch ganz klein war, halfen alle jungen Mütter reihum mit, ihn zu stillen. Als er größer wurde, brachten die Männer Milch von ihren Ziegen oder den paar Kühen vorbei, oder auch mal einen Fisch, ein paar Eier, etwas Mehl. Der Wasserjunge war das Kind des ganzen Dorfes. Er war ein Glück für die alte Hebamme, die immer allein gelebt hatte und nun auf ihre alten Tage sogar noch einen Sohn bekam.

Hein, wie er bald überall hieß, wuchs heran und wurde ein überaus stattlicher junger Mann, der sich äußerlich in nichts von all den anderen Menschen um ihn herum unterschied.

Schon viel früher als andere Jungen drängte es ihn, hinauszufahren aufs Meer, um zu fischen. Er tat dies nicht, wie andere Jungen, im Boot eines erfahrenen Erwachsenen, sondern er fuhr schon früh in einem kleinen Boot aus, dass er sich durch allerlei Dienste und eiserne Sparsamkeit selbst verdient hatte. Und er brachte immer schöne Fische mit. Niemals viele Fische, aber immer genug Fische, damit er und die alte Hebamme gut vom Verkauf leben konnten.

Die alte Frau wurde immer älter und gebrechlicher. Zuletzt musste Hein sie pflegen, wie sie einst ihn gepflegt hatte. Er tat das gerne, denn er liebte die alte Frau von ganzem Herzen. Als sie schließlich starb, blieb er lange an ihrem Bett sitzen und hielt ihre kalte Hand. Die Leute aus dem Dorf kamen einer nach dem anderen in die enge Kammer, und alle staunten über die große Ruhe in dem Raum. »Er ist so still«, sagten sie über Hein. Hein sagte kein Wort.

Schließlich, als die Zeit für die Beerdigung gekommen war, stand er auf, ging hinaus und bald sah man ihn mit seinem Boot hinausrudern aufs Meer. Die Dorfleute mussten die Hebamme alleine beerdigen. So mancher fragte sich dabei, was wohl Hein da draußen machte, allein auf dem Meer. Er blieb lange weg. Einen Tag, eine Nacht und noch einen ganzen Tag. Dann kam er zurück. In seinem Boot lag eine wunderbar geschnitzte Figur. Sie sah aus wie die Galionsfigur eines alten Seglers. Sie stellte eine schöne, lächelnde Frau dar. Ihr Gesicht trug die Züge der alten Hebamme, wie sie als junge Frau ausgesehen haben mochte. Hein trug die Figur zum Grab der Hebamme. Dort stellte er sie auf. »Danke!« sagte Hein. Danach ging er zurück in das alte kleine Haus.

Dort lebte er von nun an allein. Wie es schien, war er dabei recht zufrieden. Da ihm die Hebamme alles beigebracht hatte, was man wissen musste, konnte er kochen und nähen und auch sein Häuschen sah immer recht ordentlich aus. Wenn Not am Mann war, half er gerne den Nachbarn bei ihrer Arbeit, wie dies alle Leute im Dorf taten. Er gehörte dazu. Hein war ein freundlicher junger Mann, und obwohl seine merkwürdige Geschichte den Leuten doch ein wenig Angst einjagte, mochten ihn die Mädchen gerne leiden. Aber Hein schien nie einer den Hof machen zu wollen. Schließlich fragte ihn eine, ob er denn nie ein Mädchen lieb haben wollte. »Doch, will ich schon«, sagte Hein. »Aber es gibt ein Problem.« Das Mädchen sah ihn mit großen Augen an. »Welches Problem?«

»Ich kenne meine Zeit nicht.« »Aber, Hein, die kennt doch keiner. Wenn ich wüsste, dass ich morgen sterben muss, würde ich Dich doch trotzdem küssen und lieben wollen. Vielleicht gerade noch mehr als wenn ich es nicht weiß. Und ich weiß es ja nicht und will es doch von Herzen gerne tun.« Das Mädchen wurde über und über rot bei diesen Worten. Auch Hein wurde rot und sah sie lange an.

Dann sagte er dem Mädchen merkwürdige Worte. »Wenn ich gehe, komme ich wieder. Das Leben ist wie das Atmen des Meeres. Es kommt und es geht. Immerfort. Und ist doch immer da.« Er zog das Mädchen zum Strand. Lange saßen sie dort und schauten auf das Wasser. »Wenn es geht, kommt es wieder. Es ist immer da«, sagte das Mädchen. An diesem Abend am Strand verliebten sich Hein und das Mädchen ineinander. Bald darauf beschlossen sie, zu heiraten. Am Abend vor der Hochzeit nahm Hein seiner Braut ein Versprechen ab, das sie ihm gerne gab, und versprach, es für sich zu behalten. Die Hochzeit war fröhlich. Das ganze Dorf kam zusammen. Der Pfarrer hielt eine Predigt über Moses, der aus dem Wasser gefischt wurde. Er sprach über Gottes wunderbare Wege und welcher Segen Hein für das Dorf war. Der Bürgermeister erklärte sich zum Ehrenvater des Bräutigams und überreichte ihm im Namen des ganzen Dorfes ein schönes Fischernetz als Hochzeitsgeschenk.

All die Frauen, die ihn einmal gestillt hatten, all die Männer, die ihn einmal genährt hatten, waren stolz auf ihn und freuten sich mit ihm und seiner Frau.

Die beiden lebten froh und glücklich. Sie richteten das kleine Häuschen so her, dass es bald die schönste Fischerhütte im Dorf war. Der Garten war voller Kräuter und Blumen. Die Netze hingen ordentlich gepflegt über den Balken. Das Boot war immer in bester Ordnung. Hein war ein guter Fischer. Aber dennoch brachte er nie mehr Fisch mit, als nötig war, um gut zu leben. »Ich bitte das Meer, mir das zu geben, was ich brauche«, sagte Hein zu seiner Frau, als sie ihn danach fragte.

Nach einigen kurzen Jahren wurde Heins Frau schwanger. Von da an brachte Hein oft mehr Fische mit von seinen Ausfahrten und sie konnten sich etwas zurücklegen. Hein ging auch einmal zum Bürgermeister. Auch von diesem ließ er sich ein Versprechen geben. Hein war sehr glücklich mit seiner Frau, und sie freuten sich beide sehr auf das Kind.

Als die Zeit für die Geburt gekommen war, sagte Hein zu ihr. »Weißt Du noch, meine Liebste, was ich Dir damals am Strand gesagt habe – über das Meer und das Leben?« »Oh ja, das weiß ich noch. Es kommt und es geht, aber es ist immer da.« Sie sah ihn erschrocken an. »Hein, musst Du jetzt gehen?« »Noch nicht gleich, meine Liebste«, sagte er und küsste sie auf die Stirn. Sie hielten einander fest und waren einander so nahe wie nie zuvor in ihrem Leben und liebten einander so sehr und weinten und küssten sich und lächelten sich an und weinten wieder und wurden still. Hein blieb bei seiner Frau und hielt ihre Hand. Wie sie so saßen, kam eine große Stille, eine große Ruhe über sie.

»Ich höre das Meer«, sagte sie, »wie es atmet. Es kommt und geht, Es kommt und geht. Alles wird gut. Ich liebe Dich, Hein.« »Ich liebe Dich«, sagte Hein. »Alles wird gut.«

In dieser Nacht wurde das Kind geboren. Es war ein Junge. Er sah aus, wie der kleine Hein vom Wasser einst ausgesehen hatte. Der Vater Hein blieb die ganze Zeit bei seiner Frau und stand ihr bei, so gut er konnte. Als das Kind geboren war, weinten sie beide vor Freude und Liebe füreinander und für das Kind. Hein nahm den Jungen auf seine Arme, segnete ihn und sagte »Hein sollst Du heißen. Leben sollst Du und stark sein. Hörst Du, mein Sohn?« Das Kind öffnete weit die Augen und sah seinen Vater lange und tief an, wie nur Neugeborene blicken können, weil sie noch um den Ort wissen, von dem sie kommen.

In derselben Nacht kam gegen Morgen ein ungeheurer Sturm auf, wie man ihn schon sehr lange nicht erlebt hatte. Die Leute schlossen die Läden ihrer Häuser und duckten sich unter den Blitzen und dem Donnergrollen. Niemand wagte sich hinaus.

Als sich am anderen Tag der Sturm verzogen hatte, fanden die Fischer Hein am Strand liegend. Er war tot. Es sah aus, als habe er nach etwas Ausschau gehalten und sei dabei von einem herumfliegenden Teil erschlagen worden.

Niemand erfuhr je, was geschehen war, nachdem das Kind glücklich entbunden und seine Frau zufrieden und erschöpft mit dem Säugling eingeschlafen war, ohne vom Sturm etwas zu merken.

Als sie vom Tod ihres Mannes hörte, war sie ganz still. »Legt ihn in sein Boot«, sagte sie. »Ohne Ruder, ohne Netz. Lasst es treiben. Das musste ich ihm versprechen.« Die Fischer taten, wie sie es sagte.

Der Pastor sprach ein Gebet. Sie legten Hein in sein Boot und schoben es auf das Wasser hinaus. Alle Leute aus dem Dorf standen am Strand. Heins Frau wurde von zwei ihrer Freundinnen gestützt. Es war sehr still. Man hörte die Wellen, wie sie auf dem Sand aufliefen. Es war Abend. Der Mond ging gerade auf. Es war, als zögen die Mondstrahlen das Boot hinaus aufs offene Meer. Der Bürgermeister trat zu ihr und sagte: »Wir werden diesen kleinen Hein gemeinsam großziehen, wie wir seinen Vater großgezogen haben.«

»Das Leben kommt und es geht wie der Atem des Meeres. Aber es ist immer da. So wie die Liebe bleibt«, sagte die Frau mit Tränen in den Augen und wiegte das Kind in ihren Armen.

Achte den Schmerz

Einmal kam eine Frau zum alten Mann. Es war eine junge, eigentlich ganz wunderbar kraftvolle Frau. Doch ein tiefer Schmerz und eine Krankheit hatten sie längst so krumm und schief gebogen, dass sie nicht mehr leben wollte. Sie kam zum alten Mann, weil sie von ihm die Erlaubnis haben wollte, zu sterben.

»Alter Mann«, sagte sie, »ich kann nicht mehr. Ich hab so viel ausgehalten, ich schaffe es einfach nicht.«

Der alte Mann hörte ihr zu. Er hörte ihr zu und hörte hinter die Worte. Er hörte hinter das gramerfüllte und wütende Gesicht. Er hörte hinter den lebendigsten Wunsch in dieser Frau: Er hörte hinter den Wunsch zu sterben.

Er war lange still und schaute auf die Frau, die müde auf dem alten Ledersofa lag, das im Wohnzimmer des alten Mannes stand.

Da tat der alte Mann etwas Unerwartetes: Er stand aus seinem Sessel auf und setzte sich auf einen Hocker neben dem Sofa. Mit warmen Augen schaute er sie an. Keinerlei Vorwurf war in seinem Blick. Keinerlei Belehrung. Kein besseres Wissen. Keine Lebensweisheit.

Da war nur Stille und ein tiefer Glanz.

Die Frau wollte wegsehen und die Augen schließen – aber sie konnte den Blick nicht von ihm lassen.

»Darf ich?«, fragte der Alte. Ohne ihre Antwort abzuwarten, legte er ihr seine knorrige Hand ganz sacht auf die Mitte ihres Brustbeins. Lange lag seine Hand dort ganz still.

Die Frau war zu schwach, sich wegzudrehen, obwohl das ihr erster Impuls gewesen war.

Der alte Mann sprach zu ihr, schaute sie dabei unverwandt an: »Ja, wenn Du möchtest, darfst Du sterben. Das ist Deine Freiheit. Ich weiß, dass Du so viel versucht hast, das Leben zu schaffen. Ich kenne nur wenig von deiner Geschichte, aber ich spüre, wie sehr Du gekämpft hast mit allen Deinen Mitteln. Stark warst Du! Mutig warst Du. Einsam warst Du. Verletzt warst Du. Du hast den Schmerz in Dir verschlossen, weil da niemand war, dem du zutrauen mochtest, ihn anzuschauen mit Dir.

Du hast den Schmerz manchmal zu zeigen versucht. Etwas ängstlich und vorsichtig sicherlich – und nur selten wurdest Du verstanden. Nicht oft genug jedenfalls. So oft bist Du enttäuscht worden und nie hast Du das Gefühl gehabt, zu Hause zu sein. Jetzt, denkst Du, ist es zu spät dafür und Du hast dem Schmerz alle Macht gegeben – bist zu müde zum Kämpfen. Du hasst diesen Schmerz und bist wütend auf dieses Leben, das Dich so schrecklich einsam und ausgestoßen leben lässt.

Lass' mich einfach nur meine Hand hier halten und bleibe still liegen. Spüre, was da geschieht...« Die Frau wollte antworten wie schon so viele Male zuvor. Sie wollte lauter Sätze sagen mit Aber und Nein und Wenn und Nicht und Nie. Ihre Stimme versagte. Sie schloss die Augen und spürte.

Und da war ein Meer von Tränen. Geweinte und ungeweinte Tränen. Ein ganzes Meer. Da war eine Sehnsucht in dem Meer aus Tränen. Eine Sehnsucht nach Heimat, nach Liebe, nach Geborgenheit und nach dem Wissen: Ich bin gewollt und geliebt und es ist gut. Wie gut kannte sie diese Sehnsucht! Sie kannte sie besser als alles andere auf der Welt! Die Frau sah sich in diesem Meer und sie sah, wie sie kraftlos und hilflos und ohne Hoffnung darin schwamm und unterzugehen drohte. Sie sah sich kurz vor dem Ertrinken. Es schien kein Ufer zu geben, keine Insel, keine Hilfe. Keine Antwort auf die Sehnsucht. Nirgends war Heilung und nirgends war Geborgenheit. Kein Halt. Kein Halten mehr. Die Tiefe zog sie hinab.

»Da ist ein Meer aus Tränen, in dem Du schwimmst«, sagte der alte Mann. »Du siehst es?«, fragte die Frau. »Ja. Ich sehe es. Und ich spüre deine Sehnsucht nach Geborgenheit und Deine langen Kämpfe und ich sehe, mit wie viel Energie Du einen inneren Schutz aufgebaut hast, um dieses riesige Meer nicht zu sehen und zu spüren – Du wolltest nicht ertrinken. Das war lange Dein Mittel, um zu überleben: Nichts zu spüren. Und doch hast Du immer so viel gewusst und gespürt und warst so verzweifelt.«

»Ja«, sagte die Frau einfach. »Es wird ja doch nicht besser! Lass' mich gehen, alter Mann. Lass mich sterben. Bitte!«

»Spür hin«, sagte er und bewegte seine Hand auf ihrem Herzen nur ein ganz klein wenig. »Wie ist es jetzt? Ist es jetzt auch so schlimm?«

Sie war lange still und hielt die Augen geschlossen. Tränen flossen ihr über die Wangen. Sie ließ es geschehen. Beide schwiegen.

Dann sagte sie leise: »Nein, jetzt gerade ist es gut. Ich darf es fühlen. Weil Du da bist, habe ich jetzt keine Angst vor diesem Meer der Tränen.« »Gut«, sagte er. »Öffne deine Augen und sieh mich an.«

Sie sah ihn an. Sie sah ihn an und sah in seinen Augen eine Spiegelung ihres Schmerzes. Da war ihr ganzer Schmerz und ihre ganze Not gehalten in seinen Augen. Sie sahen einander sehr lange an, ohne Worte zu sprechen.

Dann fühlte sie, wie sich etwas in ihrer Brust löste. Es war, als flösse der Schmerz, der sich so lange in ihrer zusammengeballt hatte, in ihr Herz. Als gäbe es in ihr selbst eine Stelle, in der sie voller Erbarmen war mit sich selbst.

Sie atmete tief und spürte, wie ihr eigenes Herz größer und größer wurde – wie es sich ausdehnte und den Schmerz und das ganze Meer aus Tränen in sich aufnahm. Ihr eigenes Herz tat das. Während dies geschah, spürte sie, wie die Hand des alten Mannes immer wärmer wurde und so etwas wie ein Feuer in sie floss. Ein Feuer, in dem das Meer aus Tränen nicht verschwand – aber es bekam Ufer und Inseln und da waren Boote, mit denen sie fahren konnte.

Und da war der Blick des alten Mannes und in diesem Blick war Heimat und Geborgenheit. Es war nicht zu erklären. Aber so war es.

Lange, sehr lange blieben die Beiden so verbunden. Dann sprach sie den alten Mann an: »Ich weiß nicht, was da geschehen ist. Ist das Geborgenheit?« »Es ist Geborgenheit«, sagte der alte Mann. »Es ist das, was geschieht, wenn Du dem Schmerz genauso zu leben erlaubst wie der Liebe. Denn das sind Schwestern – sie sind immer zusammen, weißt Du. Damit der Schmerz gehen kann, will er angesehen werden voller Achtung und Respekt. Meist schieben wir den Schmerz weg wie einen lästigen Bettler, das macht ihn stärker und stärker. Und uns macht es stumm. Der Schmerz aber sucht das Verstehen der Liebe, denn nur diese kann ihn heilen. Respekt und Achtung, die untrennbar zur Liebe gehören, öffnen dem Schmerz die Tür, so dass er heilen darf. Wir suchen oft die Heilung bei anderen, weil wir fürchten, wir hätten nicht genug Liebe für uns selbst. Oder aber wir geben auf und das Leben wird uns bitter, weil wir den Schmerz nur los haben wollen Wer die Liebe in anderen sucht, der sucht eigentlich die Liebe in sich selbst. Du hast sie eben gefunden.«

»Der Schmerz ist die Schwester der Liebe«, wiederholte die Frau. »Sie sind immer zusammen da.« Dann schloss sie ohne ein weiteres Wort zu sagen die Augen und schlief einen langen heilenden Schlaf.

Als sie erwachte, saß der alte Mann immer noch neben ihr. Etwas war anders geworden.

Sie schaute den Mann an aus schlafglänzenden Augen und hätte nicht sagen können, ob sie wachte oder träumte, ob dies derselbe Mann und dieselbe Frau waren, ob dies dasselbe Leben war.

Etwas war anders geworden.

Der Jaaberer

Einmal kam zum alten Mann einer von denen, die immer doch noch ein Problem entdecken oder einen Fehler. Einer von denen, die selbst nie so ganz gut genug sind und die in jeder Suppe ein Härchen finden können, – auch wenn sie die Suppe dann doch essen.

Wir alle kennen diese Leute. Viele von uns begegnen ihnen täglich, manchmal schon, wenn wir morgens in den Spiegel schauen, im Büro, zu Hause.

Der Gast des alten Mannes war richtig erschöpft vom »Ja, aber«-sagen. Er bat den alten Mann um eine Geschichte.

Der alte Mann saß und sah.
Er sah genau und hörte.
Er hörte genau und fühlte.
Er fühlte genau und roch.
Er roch genau und schmeckte.
Er hörte, wie es seine Art war zu hören.
Er hörte, saß lange und schwieg.

Und der alte Mann erzählte ihm die Geschichte vom Jaaberer.

Da gab es einmal einen Mann, den wollen wir Hans nennen. Der Hans war ein Schullehrer – aber er hätte gerade so gut ein Baumeister oder ein Pfarrer oder ein Bauer sein können. Hans war ein Lehrer wie viele andere auch. Morgens stand er in der Schule vor seinen Klassen, mittags bereitete er den Unterricht für den nächsten Tag vor oder korrigierte Schularbeiten und abends ging er Freunde besuchen oder auch mal ins Wirtshaus oder er las ein spannendes Buch.

Eigentlich hatte Hans ein gutes Leben. Er hatte einen Beruf, der ihm Spaß machte, er hatte ein gemütliches Zuhause, er war selten krank; was er zum Leben brauchte, konnte er sich meistens leisten.

Trotzdem lief Hans fast immer mit einem Gesicht herum, als sei irgend etwas nicht ganz in Ordnung. Und so war es auch. Was immer Hans geschah – irgend etwas stimmte nicht ganz.

Nach jeder Unterrichtsstunde dachte Hans: »Das hätte besser gehen können.«

Wenn er seine Schüler mit anderen Lehrern reden sah, dachte er. »Den anderen Lehrern erzählen sie mehr als mir.« Wenn er sich im Spiegel anschaute, dachte er: »Du wirst alt und dick, alter Junge.« Wenn er seine Wohnung anschaute, war sie immer entweder zu klein oder zu unaufgeräumt oder zu vollgestopft oder sonst irgend etwas war falsch. Auch mit seinen Freunden ging es ihm so. Er mochte sie alle sehr gerne, aber er hatte oft Sorge, dass sie ihn doch nicht so recht leiden könnten.

Der Hans war einer, der war mit sich selbst viel kritischer als mit anderen Leuten. Die Leute mochten ihn gerne, aber niemand wurde wirklich ein ganz enger Freund, mit dem er alles geteilt hätte. Hans traute sich nicht. Und wer sich nicht traut, dem wird nicht getraut.

Hans war ein wenig einsam. Nicht sehr, denn er war gerne allein, aber doch genug, dass er sich manchmal danach sehnte, eine Frau in den Arm zu nehmen und in den Arm genommen zu werden.

Und dann verliebte er sich. In eine jener Frauen, die an den meisten Tagen fröhlich durchs Leben gehen, die aussehen, als hätten sie viele Freunde und Freundinnen. Sie war eine jener wunderbaren Frauen, die ihre Schönheit in den Augen und um die Mundwinkel sammeln. Eine Frau, für die das Leben eine Zeit ist, die es zu genießen und auszukosten gilt, ohne dabei rücksichtslos zu sein.

Hans hatte Glück. Sie liebte ihn wieder! Zuerst war Hans sehr glücklich. Er strahlte sich schon morgens im Spiegel an. Er machte Witze mit seinen Klassen in der Schule. Man konnte ihn manchmal sogar mit dem Fahrrad zur Schule fahren sehen, da er jetzt unbedingt etwas für seine Figur tun wollte. Die Welt war wunderschön für Hans und seine Freundin.

Er war ein rechter Hans im Glück. Aber – er war ja auch ein Jaaberer, der Hans.

Und so begann es schon bald nach dem ersten Verliebtsein, dass der Hans sich fragte, ob er denn wirklich die richtige Frau liebte. Ob sie wirklich gut für ihn war? Ob er gut für sie war? Warum bloß war sie immer so fröhlich? Lachte sie zuviel? Lachte er zu wenig? War das denn schon alles, dass er einfach nur glücklich war? Müsste da nicht noch mehr sein? Hans war verwirrt. Er zog sich in sich selbst zurück.

Er konnte mit seiner Freundin nicht darüber reden. Er wusste selbst nicht recht, was es war – aber bald lief er wieder mit dem gleichen »es-geht-mir-ein-bisschen-schlecht-Gesicht« herum wie früher. Seine Freundin hatte ihn herzlich lieb und wollte ihn gerne aufmuntern, doch Hans reagierte nicht auf ihre Freundlichkeiten. Eher ärgerte er sich. Hans weigerte sich, glücklich zu sein.

Je länger es dauerte, desto mehr ärgerte sich der Hans über sich, über seine Freundin, über seine Schüler, über alles. Schließlich merkte seine Freundin, dass sie selbst anfing, unglücklich zu werden. Sie verließ ihn. Jetzt hatte er wirklich Grund, sein gewohntes Gesicht herumzutragen.

Bei alledem hatte Hans gemerkt, dass es da vielleicht etwas zu ändern gäbe bei ihm. Hans wollte nicht mehr einer sein, der immer »Jaaaaa, aber« sagte oder dachte. Er ging zu allerlei Ratgebern.

Von diesen bekam er viele wunderbare Ratschläge, was er zu tun habe. Einer machte richtige Veränderungsprogramme mit ihm. Er machte alles brav mit – eine Zeitlang. Dann lief er genauso herum wie zuvor. Nachdem er »Ja, aber..« gesagt hatte. Ein bisschen leidend.

Nichts half. Kein Rat, keine Tees, keine Vitaminpillen, keine schlauen Bücher.

»Ich habe das falsche Programm«, dachte er bei sich. »Ich kann einfach nicht glücklich sein« – machte sein trauriges Gesicht und war eigentlich gar nicht so sehr traurig dabei.

Ein wenig traurig zu sein war für Hans normal. Er konnte sich nicht erinnern, dass er einmal über längere Zeit durch und durch glücklich gewesen wäre. Er wusste nicht, wie man anders leben könnte. Er wusste es einfach nicht...

Aber gewusst hätte er es doch gerne. Weil es so schön gewesen war, verliebt durch das Leben zu tanzen, als könne man die Sterne erreichen, wenn man nur wollte.

Trotzdem, Hans lebte weiter wie vorher. Seine Schüler und Kollegen vergaßen, dass es auch einen anderen Hans gab – einen, der fröhlich war, zu Späßen aufgelegt, voll wunderbarer Einfälle. Der »Hans im Glück« geriet in Vergessenheit.

Bis der Hans an einem schönen Sommersonntag allein in einem Straßencafé saß, gemütlich Cappuccino trank und in einem Buch las.

Da ging eine Frau mit einem kleinen Jungen an der Hand vorbei. Der Junge blieb stehen und schaute Hans an, wie nur Kinder es tun können. »Du siehst aber traurig aus«, sagte der Junge zu Hans. »Ist Deine Mama gestorben?« Die Mutter wollte den Jungen schon schimpfen – da sagte Hans, der dabei etwas verdutzt aussah: »Nein, meine Mama ist nicht gestorben und ich bin auch eigentlich ganz zufrieden. Aber ich habe einfach vergessen, wie man ganz und gar glücklich ist. Weißt Du, wie man das macht?«

Der Junge ließ die Hand der Mutter los und ging zu Hans. Er lehnte sich an sein Knie, schaute ihm lange und ernst in die Augen.

»Ich bin immer glücklich, weil ich meine Mama habe. Und die hat mich lieb.« Dann fuhr er flüsternd fort: »Und wenn ich unglücklich bin, dann ist das immer bloß ein Trick, weil ich dann will, dass die Mama mich noch lieber hat, weil sie mich dann tröstet und so. Willst Du auch, dass Deine Mama Dich lieb hat?«

Hans konnte nichts dagegen tun. Plötzlich schossen ihm Tränen in die Augen. Er weinte lange und heftig. Der Junge blieb bei ihm und streichelte seine Hand, während die Frau etwas verlegen dabeistand.

»Ja, das wollte ich immer gerne. Dass mich meine Mama so lieb hat, wie Deine Mama Dich lieb hat«, sagte Hans. »Ja, meine Mama hat mich sehr lieb. Sooooo lieb«, sagte der Junge und breitete seine kleinen Arme aus, so weit er konnte.

Noch einmal kam der Junge zu Hans und flüsterte: »Aber weißt Du, wenn ich unglücklich bin, das ist eigentlich gar kein so guter Trick. Weil sie mich nämlich noch viel lieber hat, wenn ich lustig bin und Quatsch mache und einfach alles mache, was mir einfällt und so.« Er legte den Kopf schief und sah den Mann an, der sich gerade heftig schnäuzte. »Machst Du eigentlich immer, was Du willst, oder bist Du lieber unglücklich, damit Dich Deine Mama lieb hat?

Wenn ich groß bin, mach' ich immer was ich will und dann bin ich reich und gesund und fröhlich und wohne in einem schönen Haus mit Schwimmbad und eine schöne Frau wie die Mama hab ich auch und esse immer Eis und die Mama ist immer dabei.«

Da musste Hans lachen. Auch die Mutter musste lachen, denn sie hatte natürlich trotz des Flüsterns alles gehört. »Das glaube ich gerne, dass Du mal ein sehr erfolgreicher großer Mann sein wirst.«

Hans lud die beiden ein, ein Eis mit ihm zu essen. Sie nahmen gerne an.

Stolz saß das Kind auf seinem Stuhl und erzählte lange Geschichten. »Manchmal«, sagte die Mutter, »denke ich, dass er ein Engel ist, der hier heruntergefallen ist. Er sagt dauernd solche Sachen zu Leuten.«

»Ich weiß nicht, ob er ein Engel ist. Aber recht hat er«, sagte Hans. »Manchmal denkt man jahrelang, man sei irgendwie verquer – dabei macht man nur die falschen Sachen, weil man die falsche Strategie hat. Ihr Sohn hat mich eben etwas sehr Wichtiges verstehen lassen.«

Von da an dachte sich der Hans andere Sachen aus, wie ihn die Leute mögen sollten. Sein trauriges Gesicht sah man nicht mehr oft.

Er wurde sogar richtig mutig. Er begann, sich vorzustellen, dass er ein glücklicher Mann sei, der immer macht, was er gerne möchte und das Leben genießt.

Den Jungen und seine Mutter lud er manchmal ein. Zum Eis essen. Es machte ihm Spaß.

»Jaaaa, aber«, hat er nicht mehr oft gesagt. Außer gelegentlich morgens, zu seinem Spiegelbild. Und dabei hat er Grimassen geschnitten und gelacht.

Vom Rückwärtsgehen

Einmal kam zum alten Mann einer, der klagte über die Ungerechtigkeit der Welt, die sich vor allem darin zeigte, wie schlecht es ihm immer ergangen war. Er durfte nicht in die gleiche Schule wie seine Geschwister. Er musste eine Ausbildung machen, die er nicht wollte. Er biss sich durch und wurde im Beruf anerkannt, um dann doch bei der ersten Gelegenheit entlassen zu werden. Er hatte Freundinnen, doch verließen sie ihn. Er lernte einen neuen Beruf und wurde nicht erfolgreich damit. Der Gast des alten Mannes sah müde aus und verbissen. Er war müde vom langen Kämpfen.

Der alte Mann saß und sah.
Er sah genau und hörte.
Er hörte genau und fühlte.
Er fühlte genau und roch.
Er roch genau und schmeckte.
Er hörte, wie es seine Art war zu hören.
Er hörte, saß lange und schwieg.

Dann erzählte der alte Mann seinem Gast eine kleine Geschichte:

Es lebten einmal, vor gar nicht allzu langer Zeit, in einem Land drei Weise, die dienten alle demselben König.

Ihre Aufgabe war es, den König bei allem zu beraten, was er zu entscheiden hatte. Meistens stellte ihnen der König eine Frage oder schrieb ihnen diese Frage auf königliches Briefpapier, und die drei Weisen nahmen sich einen oder zwei oder auch drei Tage Zeit, bevor sie ihm einen Rat gaben.

Sie dachten hin und her, überlegten dies und das, planten und verwarfen und gaben dann endlich einen wohlfundierten Rat. Viele kluge Entscheidungen rührten daher.

So gab es im ganzen Königreich nur jeden zweiten Tag Brot zu kaufen, weil die Weisen herausgefunden hatten, dass frisches Brot ungesund

sein kann und Blähungen macht. Aber altes Brot können viele nicht essen. So hatten sie in ihrer Weisheit entschieden, dass ein Tag frisches Brot und ein Tag altes Brot ein guter Kompromiss sei. Ein kluger Rat.

Oder die Kutschen. Sie hatten alle zwei Sitze nach vorne und zwei Sitze, die nach hinten schauten. Rücken an Rücken saßen die Passagiere, sodass diejenigen, die nach hinten schauten, den Kutscher immer rechtzeitig warnen konnten vor Gefahren von hinten. Für die armen Kutscher, die allein auf der Kutsche saßen, hatten sie den obligatorischen Rückblicker entwickelt – ein blank poliertes Stück Metall, das es ihm ermöglichte, immer nach hinten zu sehen. Ein weiser Rat.

Es gab im Königreich auch eine große Bibliothek, in der wurden nur solche Bücher und Dokumente gesammelt, die mit Erfindungen zu tun hatten. Aus der ganzen Welt wurden die Bücher und Papiere dorthin gebracht und fest verschlossen. Nun war die Bibliothek aber nicht jedermann zugänglich. Sie diente nur dazu, die Arbeit der Weisen zu überprüfen. Wann immer sie etwas empfehlen wollten oder erfunden hatten, eilten sie in die Bibliothek und suchten, ob es diese Erfindung schon gab. Wenn es sie schon gab, wurde sie flugs verworfen.

Dann erfand einer der drei Weisen das Rückwärtsgehen. »Es kommt darauf an«, sagte er zu seinen Kollegen, »dass wir uns immer dessen bewusst sind, was hinter uns liegt. Wir müssen immer wissen, wo wir herkommen, sonst werden wir nicht wissen, wie wir weiter gehen sollen. Stellt Euch einmal vor, wie das wäre, wenn jemand einfach nur so vorwärts ginge, ohne an das hinter sich zu denken. Er würde ja einen

Fehler nach dem anderen machen und könnte jederzeit von dem, was hinter ihm kommt, eingeholt werden. Das Rückwärtsgehen ist die konsequente Weiterentwicklung des Rückwärtsblickers bei den Kutschen. Wir Menschen sind falsch konstruiert. Wir müssen das ändern. Wir müssen lernen, rückwärts zu gehen.«

Die Kollegen waren beeindruckt. Sie schauten in der berühmten Erfindungsbibliothek nach. Das Rückwärtsgehen war dort nirgends verzeichnet. Also machten sie dem König den Vorschlag, das Rückwärtsgehen einzuführen. Das würde das Land einen entscheidenden Entwicklungsschritt voranbringen.

Die Weisen hatten auch einen Werbespruch entwickelt für die neue Methode: »Nur wer rückwärts blickt, kommt gut voran.«

Der König überlegte hin und her und stimmte schließlich dieser Neuerung zu. Er bestimmte einen Tag, von dem an alle Menschen über 15 Jahren ausschließlich rückwärts zu gehen hatten. Wer jünger war, hatte der König bestimmt, hatte noch nicht so viel zum Zurückschauen und durfte vorwärts gehen.

Es war recht interessant, als das Rückwärtsgehen eingeführt wurde.

Man hörte häufiger ein Plumpsgeräusch, weil sich wieder jemand unfreiwillig auf die Straße gesetzt hatte. Manchmal gab es auch ein mehr metallisches Klongen zu hören, wenn jemand einen Laternenpfahl getroffen hatte. Die Leute hatten auch einigermaßen viel Kopfweh in den ersten Tagen und Halsschmerzen, weil sie sich jetzt ja plötzlich nach hinten drehen mussten, um vorwärts zu gehen.

Die Kinder rannten ihren Eltern jetzt ständig davon, weil sie vorwärts viel schneller davonlaufen konnten als ihre Eltern rückwärts hinterher.

Die Leute murrten zuerst. Aber weil sie ihren König liebten und die Weisen achteten, hielten sie sich gerne an die neue Regel. Mit der Zeit lernten alle, rückwärts zu gehen. Nur die Tiere nicht. Und die Kinder mochten sich ungern daran gewöhnen.

Sonst wurde alles, wie es der erste Weise vorausgesagt hatte. Die Menschen begannen, immer mehr an das zu denken, was hinter ihnen lag. Das war sehr klug von ihnen. Denn so wurden sie sorgsam für die nächsten Schritte, die sie rückwärts in die Zukunft taten. Und ist denn nicht jeder Schritt, den wir tun, ein Schritt in die Zukunft? Ist es da denn nicht gut, diese Schritte rückwärts zu gehen? Dann nehmen wir immer wahr, was wir hinter uns gelassen haben.

Sie dachten an ihre Krankheiten und Leiden. Sie dachten an ihre unbeschwerten Kindheitstage und an die erste große Liebe. Sie dachten an das Glück, das sie einmal besucht hatte und wieder gegangen war. Sie dachten an die verlorenen Chancen, an die schweren Tage.

Sie redeten miteinander über das, was sie sahen, so wie sie früher über das gesprochen hatten, was vor ihnen lag. Manche wollten schon gar nicht mehr wissen, was nun vorne und hinten war.

Sie bekamen Angst vor der Zukunft, denn die lag ja nun hinter ihnen. Sie sorgten sich um die Vergangenheit, denn die lag ja nun vor ihnen. So wie ihr Gang verdreht war, verdrehte sich die Welt.

Je länger die Leute rückwärts gingen, desto schwerer wurde es im Parlament, ein neues Gesetz zu erlassen. Bald gab es sogar Gesetzesanträge über die Behandlung der Vergangenheit.

»Man darf die Vergangenheit nicht ändern«, forderte ein Abgeordneter. »Jeder Mensch hat ein Recht auf die Unantastbarkeit der Vergangenheit.«

»Wir haben die Vergangenheit nur von unseren Kindern geborgt«, sagte ein zweiter. »Wir müssen darauf achten, dass wir sie ihnen unversehrt und gut übergeben.«

Gesetze für die Zukunft gab es nicht mehr. Das Parlament hatte genug damit zu tun, die Vergangenheit zu regeln. Es gab lange Anklagen. Viele Untersuchungsausschüsse. Es gab viele Menschen, die rückwärts in Gefängnisse gingen. Es gab viele Menschen, die darüber sprachen, wie schwierig die Zukunft sein würde. Bald entstanden noch viel mehr Vergangenheitsforschungsinstitute, als es sie früher gegeben hatte. Und es gab einen neuen Beruf. Den des Vergangenheitshelfers. Die Vergangenheitshelfer halfen Menschen, verschlossene oder vergessene Stücke ihrer Vergangenheit wieder zu entdecken. Dazu baten sie ihre Kunden oder Klienten, wie sie sie nannten, auf wunderbaren ledernen Couchen Platz zu nehmen und gewissermaßen im Liegen die Vergangenheit zu entdecken. Sie erkannten, dass die Vergangenheit genauso ungewiss sein kann wie es früher die Zukunft gewesen war. Aber jetzt war die Zukunft ja noch viel ungewisser, und die Menschen begannen, Angst vor der Zukunft zu haben. Deshalb wagten – nach vielen Monaten, in denen das Volk die neue Regelung gelebt hatte – ein paar aufgeschlossene, mutige Menschen ein Experiment:

Sie gingen stundenweise vorwärts. Aus therapeutischen Gründen.

Und es wirkte. Sie wurden fröhlich dabei. Die Weisen wussten immer alles, was geschah. So wussten sie auch von diesem Experiment. Sie gingen zu den Experimentatoren. Sie befragten die waghalsigen Vorwärtsgeher und Vorwärtsgeherinnen.

Die meisten von ihnen waren stolz, dass sie sich getraut hatten, nach vorne zu sehen. »Es war, als sähe ich die Welt wie ein Kind«, sagte eine Frau.

»Ich konnte plötzlich rennen und nach vorne sehen. Ich bin nicht gestürzt dabei.«

»Ich konnte wunderbar lachen.«

»Ich bin direkt auf einen Sonnenaufgang zugegangen«, sagte einer, »das war großartig«.

Alle Teilnehmenden an den Experimenten wirkten fröhlich und entspannt.

»Vielleicht ist es das«, sagte der zweite Weise zum ersten Weisen. »Was?«, fragte der erste Weise. »Vielleicht ist Vorwärtsgehen doch besser – weil es fröhlicher macht«, sagte der zweite Weise.

Sie dachten alle drei nach. Dann gingen sie zum König, um sich mit ihm zu beraten.

Am Tag darauf ordnete der König ein neues Gesetz an. »Es ist ab sofort nur noch an zwei Tagen im Jahr gestattet, rückwärts zu gehen«, sagte der König.

Als die Leute dies in den Nachrichten vom Tag vorher hörten, drehten sie sich um, sahen nach vorne – und begannen, ein Fest zu organisieren. Alle freuten sich auf dieses Fest.

Die Mauer vor dem Zaubergarten

Einmal kam zum alten Mann einer, der war schon weit in der Welt herumgekommen und hatte viel erlebt. Das war einer, der suchte überall nach dem Glück. Er arbeitete hart, aber was er auch anpackte, er wollte nicht recht glücklich dabei werden, auch wenn er seine Sache gut machte und die anderen ihn dafür lobten. Wie er dem alten Mann erzählte, war er wie einer, der sich fürchterlich anstrengt und doch weiß, dass alle Arbeit nicht zum Erfolg führen wird. Der Gast des alten Mannes war erschöpft vom Leben und sah viel müder aus als sein Gastgeber, der doch so viele Jahre älter war als er. »Es ist, als ob ich immer das Falsche täte. Es ist, als ob immer eine Mauer zwischen mir und dem Glück wäre.« Solche und ähnliche Sätze sagte der Mann viele, und es war ihm anzumerken, wie traurig er war, dass er immer noch nicht das Glück gefunden hatte.

Der alte Mann saß und sah.
Er sah genau und hörte.
Er hörte genau und fühlte.
Er fühlte genau und roch.
Er roch genau und schmeckte.
Er hörte, wie es seine Art war zu hören.
Er hörte, saß lange und schwieg.

Dann lächelte der alte Mann und begann, eine kleine Geschichte zu erzählen:

Da gibt es einen Zaubergarten, in dem kann jeder, der ihn betritt, das vollkommene Glück erleben. In dem Garten blühen die herrlichsten Rosen. Sie verströmen einen Duft, wie wir ihn fast nur noch aus der Erinnerung kennen. Außer den Rosen wachsen dort Jasmin und Lilien, Geißblatt und Gardenien, Hyazinthen und Flieder und viele andere Blumen und Büsche um die Wette. Es ist ihnen völlig egal, ob sie in dieselbe Jahreszeit gehören oder nicht. Auch die Vögel im Garten halten sich nicht an die Jahreszeiten. Sie sind immer da, als wäre schönster Sommer. Der Garten ist so gestaltet, dass er dem einen ganz geordnet, dem anderen ganz verwildert vorkommt. Jedem erscheint er so, wie er es liebt. Zwischen den Pflanzen führen geschwungene Pfade durch den Garten, auf denen die Besucher wandeln oder auf kleinen Bänken ruhen können. Es soll vorkommen, dass in dem Park mehr Engel als Menschen spazieren, weil es dort so schön ist.

Im Garten gibt es Plätze, an denen sich die Besucher versammeln können. Dort findet man immer Leute, die Gedichte vorlesen oder Theaterstücke aufführen. Man hört Musik aus aller Herren Länder und sieht die kunstvollsten Akrobaten auftreten. Viele der Künstler treten nur in diesem Garten auf und nirgends sonst. Denn dies ist der Ort, wo man auch die kleinste und die leiseste Kunst achtet und nicht nach dem Lauten, Dröhnenden, Glitzernden, Grellen schreit.

Wer in den Garten kommt, wird sofort in die Lage versetzt, auch die innersten Träume zu erfüllen. Niemand im Park ist unglücklich. Man sieht durchaus Leute mit Gebrechen, man sieht Alte, man sieht all die Menschen, die man auch mitten in der Stadt treffen kann. Aber hier, im Zaubergarten, sind sie glücklich. Im Zaubergarten sind die Menschen ganz in sich und ganz in der Welt.

Es ist wunderbar im Zauberpark.

Weil dieser Garten aber ein Zaubergarten ist, kommt man nicht so einfach hinein. In diesen Garten kommt nur, wer eine hundert Meter hohe Mauer überwindet, die den Garten von allen Seiten undurchdringlich umgibt. Zwar gelangt immer wieder Kunde vom Garten hinaus in die Welt. Aber wie kommt man hinein?

Das ist das große Geheimnis.

Es ist ein so großes Geheimnis, dass es überall bekannt gemacht wird. Und dennoch, nur wenigen gelingt der Weg in den Zauberpark. Die meisten suchen noch nicht einmal die Mauer und denken, das mühsame, unglückliche, halbe Leben, in dem sie sich tagtäglich abrackern, sei alles, was es gibt für uns Menschen. Damit sie den Schmerz darüber nicht so deutlich spüren, gehen sie alle Jahre aufs Oktoberfest, jammern über die Bierpreise und kaufen Lose bei der Teddybärenlotterie.

Viele Menschen leben davon, andere Menschen von der Suche nach dem Zaubergarten abzuhalten oder Zaubergartenersatzgarten zu erfinden, in denen der Eintritt so hoch ist wie eine Mauer. Über solche Mauern können die Väter und Mütter mit ihren Kindern steigen. Man gibt ein paar Scheine hin, und schon ist man drin. So lernen schon die Kinder, nicht nach dem echten Zaubergarten zu suchen. Es gibt aber doch ein paar Kinder und noch weniger Erwachsene, die um den Zaubergarten wissen und danach suchen.

Nun kam es, dass ein Mann, der ein Sucher war, durch geduldiges Fragen und eifriges Suchen endlich an der großen Mauer des Gartens angelangt war. Er wollte nichts lieber, als hinein zu kommen.

Er ging viele Stunden, ja viele Tage rund um den Garten herum. Aber nirgends in der Mauer gab es auch nur die allerkleinste Lücke, das allerkleinste Tor oder Fenster. Die Mauer stand hoch und dunkel vor ihm.

»Ich möchte so gerne glücklich sein«, dachte der Mann und wurde ganz traurig, wie er so dasaß und die Mauer anschaute, die er endlich ganz umrundet hatte.

Er saß und saß vor der Mauer und dachte bald an nichts anderes mehr, als daran, wie er diese Mauer überwinden könnte.

Eine Zeitlang türmte er Steine vor der Mauer auf, um sich so eine Treppe hinauf zu bauen. Bald sah er ein, dass das nicht gelingen konnte.

Er ging um die Mauer. Er fand keine Öffnung. Er kaufte sich Kletterhaken und versuchte, die Mauer zu ersteigen, aber je höher er stieg, desto höher wurde die Mauer.

Er ging um die Mauer. Er fand keine Öffnung. Er versuchte, unter der Mauer hindurch einen Tunnel zu graben. Auch das gelang nicht. Das Fundament war so tief wie die Mauer hoch war.

Er ging um die Mauer. Er fand keine Öffnung.

Endlich gab er es auf.

»Ich soll wohl nicht glücklich sein«, dachte der Mann und legte sich nieder ins Gras. Er war so müde, dass er sterben wollte. Vom Gehen taten ihm die Füße weh, seine Hände waren wund vom Klettern und Graben, sein Rücken war gebeugt, in seinem Kopf kreisten immer dieselben Gedanken. »Ich möchte so gerne glücklich sein und kann es doch nicht erreichen. Ich sterbe, bevor ich glücklich werde.«

Der Mann lag dort auf dem Rücken im Gras und blickte in den Himmel über sich. Weiße Schönwetterwolken segelten durch das unendliche Himmelsblau. Dem Mann war plötzlich, als flöge er durch die Unendlichkeit des Alls. Nichts stimmte mehr, nicht Raum, nicht Zeit. Der Mann schloss die Augen und schlief ein.

Im Schlaf hörte er eine Stimme, die sagte ihm nur drei Worte: »Sieh' Dich um.«

Als er wieder erwachte, klangen ihm die drei Worte noch im Ohr. »Sieh' Dich um.«

Er sah sich um. Er sah dieselben Wolken durch die Himmelsweite ziehen. Er sah schöne große Bäume, deren Blätter im Wind flüsterten. Er sah Amseln im Gras unter den Bäumen nach Regenwürmern picken, Spaziergänger mit ihren Hunden. Er hörte das Gebell der Hunde, von ferne klangen die Geräusche einer vielbefahrenen Straße. Er roch die

Erde, den Duft trockenen Sommergrases. Er spürte die Unebenheiten des Bodens unter sich.

»Es ist schön hier«, dachte der Mann.

Dem Mann war plötzlich, als flöge er durch die Unendlichkeit des Alls. Nichts stimmte mehr, nicht Raum noch Zeit. Der Mann schloss die Augen und schlief ein.

Im Schlaf hörte er eine Stimme, die sagte ihm ein Wort: »Lebe!«

Als er wieder aufwachte, klang ihm das Wort im Ohr. Er dachte nach, aber es fiel ihm nichts dazu ein.

Wie er sich aber noch einmal umschaute und er den schönen Ort sah, dachte er bei sich: »Hier ist es schön. Ich werde mir hier einen Garten anlegen, Gemüse pflanzen und das den Leuten verkaufen, die bei mir vorbeikommen. Ich denke, das wird mir Spaß machen.«

Und so geschah es. Der Mann legte einen großen Gemüsegarten an, in dem er das schönste Gemüse in der Gegend zog. Er begann, seine Arbeit zu lieben. Anfangs schaute er noch oft zur Mauer hin. Mit der Zeit aber war ihm die Mauer nicht mehr wichtig. Er tat, was als Wunsch in ihm gewesen war. Die Leute kamen gerne zu ihm, nicht nur, um seine Salate zu kaufen. Sie setzen sich zu ihm, erzählten dies und das, fühlten sich wohl und sahen mit ihm der Sonne bei ihrer Wanderung am Himmel zu. Bald hatte er viele Freunde.

So ging eine ganze Zeit ins Land.

Eines Tages, als der Mann nach getaner Arbeit in seinem Garten saß, dachte er bei sich: »Ich habe schon so lange nicht mehr an die Mauer gedacht, obwohl sie doch immer da ist. Die Mauer ist gar nicht mehr wichtig. Auch der Zaubergarten ist nicht mehr wichtig. Das Leben hier und jetzt ist gut genug. Ich kann auch hier glücklich sein.«

Da hörte der Mann hinter sich ein fröhliches Lachen aus vielen Mündern, und lauten Applaus. Wie er sich umdrehte, war die Mauer zum Zaubergarten verschwunden. Dort standen Viele, klatschten und jubelten ihm zu.

Sie kamen ihm entgegen, nahmen ihn in ihre Mitte und zogen ihn lachend in den Garten. Und auch er musste jetzt lachen, wie er noch nie gelacht hatte.

Die Stimme des Herzens

Einmal kam einer zum alten Mann, der sah aus wie einer, der sich zu benehmen weiß. Ordentlich angezogen – ein wenig leger – denn auch das gehört zum guten Ton. Gut ausgebildet mit einem Hang zu leichtfüßigen Worten, denn das ließ sein Wissen noch mehr strahlen. Seht her – ich bin nett – diese Botschaft schickte er in die Welt. Nett und freundlich. Kurz – er war einer, der die Dinge richtig macht. Einer, der für alles eine klare Regel hat – und notfalls eine solche erfindet oder sich hinter äußeren Formen versteckt, wenn alles zu schwierig und kompliziert wird. Einer, der die Regeln flexibel aussehen lassen kann, damit ihm keiner auf die Schliche kommt.

Einer, der sein ganzes Leben auf der Suche war nach etwas, das größer war als die Regeln, die ihm seine Eltern, seine Lehrer und Herren beigebracht hatten.

Er war einer, der schon lange suchte und doch immer wieder hineinglitt in dieses alte Denken von RICHTIG und FALSCH. Er suchte nach etwas, das stärker war als alle Regeln, etwas, das ihn frei machen würde, das auszudrücken, was er in sich spürte – ohne ihm je einen Namen geben zu können.

Er bat den alten Mann, ihm doch endlich weiter zu helfen, aus diesem Gefängnis auszusteigen, das ihm gleichzeitig ein ganzes Leben lang Schutz und Halt gewesen war.

»Alter Mann«, fragte er, »wie kann mein Leben frei werden?«

Da erzählte ihm der alte Mann eine Geschichte:

Es ist schon lange her, da lebte irgendwo in den flachen Ländern des Nordens ein Pfarrer. Der war ein rechtschaffener Mann. Den Bauersleuten in seiner Gemeinde war er immer ein wenig fremd geblieben – wie es sich für einen Pfarrer geziemt. Seine Bauern mochten ihn, wenn er kurz vor dem Gewittersturm vorbeikam und ihnen half, das mühsam getrocknete Heu noch schnell auf den Wagen zu laden, damit es rechtzeitig in die Scheune kam. Sie mochten, wenn er die Großmutter besuchte und ihr den heißgeliebten Milchkaffee ganz umstandslos selbst auf dem großen Herd in der Küche zubereitete, während die übrige Familie in Stall und Hof der Arbeit nachging. »Er ist kein Bauer«, sagten sie, »aber für einen Studierten stellt er sich doch ganz ordentlich an.«

Der Herr Pfarrer hatte ein Frau, die war ebenso freundlich. Etwas zurückgezogen lebte sie und hatte nicht sehr viele Freundinnen im Dorf. Aber das Pfarrhaus war immer gut in Ordnung. Man konnte ahnen, dass die Frau Pfarrer sehr schön aussehen würde, wenn sie das schwere, lange Haar einmal nicht im Dutt auf dem Kopf festgesteckt trüge. Es ging die Geschichte, dass sie nicht einmal bei der Geburt ihrer drei Kinder erlaubt hatte, die Haare zu öffnen. Die Kinder waren ein wenig grau. Sie gingen in der Nachbarstadt auf die höhere Schule, wie es sich für Pfarrerskinder gehörte, und man wusste nicht viel von ihnen. Sonntags saßen sie mal mit in der Kirche, mal nicht. Sie waren wie andere Kinder auch. Die Bauersleute fanden den Pfarrer ein wenig nachlässig, dass er seine Kinder nicht immer streng zum Gottesdienstbesuch anhielt. Aber sie sahen es ihm und der Pfarrfrau nach, denn er war ja ansonsten ein netter Mann.

Als seine alte Mutter noch gelebt hatte, war der Herr Pfarrer oft zu ihr in die Stadt gefahren. Es hieß, sie sei eigentlich eine Bauerntochter gewesen, aber sie habe sich durch Heirat sehr verbessert und sei eine feine, strenge alte Dame geworden. Niemand aus dem Dorf hatte die alte Mutter gekannt – nur die Bäckersfrau, die aus der Stadt stammte, hatte sie gelegentlich getroffen. Sie erzählte hin und wieder von dem großen Haus mit den schweren Vorhängen, in dem die alte Dame einmal gewohnt hatte. Einsam und streng – mit einer unverheiratet gebliebenen Schwester des Pfarrers als Begleitung ihrer alten Tage.

Die Leute mochten die Predigten des Pfarrers. Er sprach oft in einfachen Worten, erzählte die biblischen Texte in Geschichten, die er in die moderne Zeit versetzte. Man musste nicht so schwere Sachen denken – und doch gingen die Geschichten mit den Leuten mit, wenn sie nach dem Gottesdienst in die sonntägliche Stille aus der Kirche hinaustraten. Überhaupt – manchmal fanden die Bauern, dass er seine Geschichten doch aufschreiben sollte für die Leute in der Stadt und manchmal fragte ihn auch einer, warum er nicht in der Stadt Pfarrer geworden war – einer mit seinen Fähigkeiten! »Sie müssten mehr aus sich machen, Herr Pfarrer«, sagte ihm hin und wieder eine wohlmeinende Oma bei seinen Besuchen. Der Pfarrer wich dem immer lächelnd aus und erklärte, dass er gerne genau hier war in dieser Gemeinde und mit diesen Menschen. Aber es blieb etwas Trauriges, Melancholisches um ihn. Etwas, das man nicht so ganz genau fassen konnte – und wahrscheinlich wusste er selbst nicht so recht darum.

Eines Tages nun stand der Pfarrer wie jeden Sonntag vor der Gemeinde und leitete den Gottesdienst. Wie immer trug er den schweren, schwarzen Talar und die große lutherische Halskrause, die ihn zwang, seinen Kopf recht aufrecht zu halten über dem steif gestärkten Stoff. Noch ahnte niemand, dass dies ein Gottesdienst werden sollte, den keiner im Dorf je vergessen würde. Nicht einmal er selbst ahnte es.

Das Eingangslied, die ersten Textlesungen und Gebete – alles verlief ganz wie gewohnt.

Als aber der Pfarrer zur Predigt die enge Kanzelstiege hinaufkletterte, fiel ein einzelner Sonnenstrahl genau auf die Kanzel und tauchte ihn für einen Moment in ein gleißendes Licht. Der Pfarrer blinzelte verwundert in das Licht. Es schien, als höre er etwas. Er zögerte kurz – und legte dann seinen vorbereiteten Predigttext zur Seite. Das hatte er noch nie getan.

»Oh Herr«, betete er, »lass' meinen Mund Dein Wort verkünden, lass' mich Dein Diener sein und der Diener Deines Wortes und Deiner Liebe zu uns. Amen.«

Nach einem Moment der Stille hob er seinen Kopf und schaue mit beinahe erstauntem Blick hinunter auf seine Gemeinde. Es war fast, als sähe er die Leute zum ersten Mal.

»Liebe Gemeinde«, begann er, »da gibt es im Alten Testament einen Vers, der heißt: ›Mit meinem Gott kann ich über Mauern springen‹. Ein Vers, der mich schon oft in meinem Leben angerührt hat. So sehr angerührt hat er mich, dass ich ihn einem meiner Söhne zum Taufspruch gewählt habe. Mut macht der Vers. Spaß macht der Vers. Über Mauern springen: Mit Gott über hohe Mauern springen! Das ist fein.

Heute aber fällt mir etwas auf, das ich bisher noch nie bedacht habe. Wann springen wir denn über Mauern? Wann muss ein Mensch, wann will ein Mensch über Mauern springen?

Wann seid Ihr zuletzt über eine Mauer gesprungen? Seid Ihr überhaupt schon einmal über eine Mauer gesprungen – oder haben wir nicht alle immer den Weg nach dem nächsten Tor gesucht in der Mauer? Sind brav die vorgeschriebenen Wege gegangen? Oder vielleicht sollte ich bei uns eher von Gräben sprechen – Wassergräben, wie sie unser Land allenthalben durchziehen. Tief und breit und manchmal recht sumpfig und voller Schlick. Da mag keiner drüberspringen – wer mag schon im Morast stecken bleiben, wenn er zu kurz springt, und womöglich jämmerlich ersaufen? Ob Graben oder Mauer – was bringt uns dazu, hinüber zu springen? Was lässt uns sagen: ›Gott – trag' mich hinüber – lass' mich über diese Mauer springen?‹

Da kann es doch nur zwei Gründe geben, wenn ich einmal den sportlichen Wettstreit zwischen jungen Männern weglasse.

Entweder springe ich über die Mauer, wenn ich vor einem gefährlichen Tier oder wütenden Menschen auf der Flucht bin. Wenn Bauer Harms Hofhund hinter mir her wäre – ich glaube, ich wäre froh, wenn da eine Mauer wäre, über die ich mich retten könnte.

Ich will über Mauern springen, wenn ich auf der Flucht bin und mich in Sicherheit bringen will.

Und ich will über Mauern springen, wenn dahinter die Freiheit ist, wenn ich gefangen bin, wenn ich nicht tun kann, was ich will und wenn ich nicht sein kann, der ich bin – wenn dahinter etwas besseres ist als vor der Mauer. Ich glaube, jeder Gefangene träumt vom Leben außerhalb der Mauern seines Gefängnisses.

Und ist es nicht so, liebe Gemeinde, dass wir alle solche Träume haben? Ich jedenfalls habe solche Träume. Zumindest seit ich weiß, dass ich hinter Gefängnismauern lebe. Ich träume, dass es irgendwo ein anderes, freieres Leben geben muss: Eins, das mich mehr sein lässt, was ich bin?

Bisher waren meine Mauern so hoch, dass ich nicht darüber sehen konnte. Und da wagte ich es auch nicht, zu springen.

Und jetzt, liebe Gemeinde, will ich Euch genauer von meiner Mauer erzählen. Seht Ihr sie? Ich trage sie jede Sonntag um den Hals. Dieses steife gefältelte Ding hier. Es macht mir den Kopf steif und lässt mich immer aussehen, als habe mein Kopf mit dem, was unter dem Hals kommt, nichts zu tun. Das, was unter dem Hals kommt, verstecke ich zudem brav in einem schwarzen Rock. Wenn ich versuche, an mir hinunter zu sehen, ist es ganz schön schwierig, und jedes Mal, wenn ich hier die Kanzel hinaufsteige oder hinuntergehe, habe ich Angst, auf meinen Talar zu treten und zu stürzen.

Meine Mauer sagt: Was da unten ist, das darf nicht vorkommen in Deinem Wort. In Deiner Predigt. Das darf nicht sein in Deinem Leben.

Dieses steife Ding mit seinen vielen Falten hat für alles eine Regel, für alles eine Lehre, für alles einen Bibelspruch oder eine alte Tradition, die manchmal noch schwerer wiegt als jeder Bibelspruch. So viele Regeln! So viele Traditionen! So geht das und so geht dies. Immer wissen wir, was zu tun ist. Und wenn es uns einmal nicht einfällt, brauche ich nur in den Falten meines Kragens zu suchen – und schon finde ich eine kluge Antwort.

In meiner Mauer stehen alle Antworten geschrieben. Mein Kragen ist die Mauer des Richtig-Machens. Deshalb stehe ich hier. Der Herr Bischof hat mich geschickt, um euch das Wort des Herrn zu verkündigen. Nur – ich glaube, als er mir den Kragen umgelegt hat, der Herr Bischof im Beisein meiner alten strengen Frau Mama, da dachten beide daran, dass ich jetzt alles richtig machen würde und die Regeln von allem verbreiten. Ein Regelhüter sollte ich sein.

Ich habe das damals nicht verstanden – aber es kam mir so vor, als legte mir ein Sklavenhalter den eisernen Halsring um den Hals. Diesen Ring trugen die Sklaven früher bis zum Tod. Daran war ein Ring festgemacht – an dem konnte der Sklave angekettet werden wie ein Hund. Ich war noch mehr als ein Sklave: Ich legte mir diesen Ring, diese Halskrause, immer wieder selbst um. Er kam mir vor, als sei er mein Schutz und mein Halt. Regeln geben auch Schutz und Halt. Sie machen, dass die Dinge gut funktionieren. Aber sie dürfen uns nicht zu Sklaven machen.

Da stand ich nun Jahr für Jahr und habe Euch von der Liebe Gottes zu den Menschen geredet und immer dabei gesagt, welchen Regeln wir folgen müssten, um alle miteinander auch recht in dieser Liebe zu bleiben. Die Liebe blieb in meinem Kragen stecken, während die Regeln fröhlich aus unerschöpflicher Quelle sprudelten.

Und da kommt nun dieser Bibelvers daher und sagt: Mit meinem Gott kann ich über Mauern springen. Fürwahr liebe Gemeinde – es ist Zeit, dass ich springe.

Hinaus in die Freiheit. In dieses weite, fremde Land, von dem ich nichts weiß, als dass es hinter der Mauer ist und dass es dort keinen Lutherkragen zu tragen gibt und keine Mauern, über die ich nicht springen könnte. Gott sagt: Ich springe mit Dir. Ich trage Dich hinüber.

Und so will ich euch jetzt etwas offenbaren:«

Der Pfarrer öffnete umständlich seinen Talar unter der Halskrause. Darunter trug er nicht, wie erwartet, seinen Sonntagsanzug mit der gestärkten Hemdbrust, sondern ein einfaches Bauernhemd mit blauen und weißen Streifen.

»Seht Ihr, liebe Gemeinde – das trage ich oft unter meinem Talar. Ein einfaches Hemd. Weil ich unter meinem Talar viel lieber ein einfacher Bauer wäre als der Herr Pfarrer, den Ihr alle so fremd findet mit seiner Studiertheit und seinen schönen Worten. Ich hasse meinen schwarzen Anzug, der mir das Atmen schwer macht. Ich kann Euch gar nicht sagen, wie sehr ich ihn hasse.«

Er hielt die Rechte auf sein Herz. »Und seht Ihr, was da ist? Da ist mein Herz. Es schlägt. Jeden Tag. Wenn ich meine Hand drauf lege und still bin, kann ich es schlagen fühlen und hören. Es schlägt und will gehört werden. Und wisst Ihr, was darinnen ist? Darinnen ist ein Traum. Darinnen ist eine große Liebe. Eine große Liebe, die ich unter diesem steifen Kragen verstecken muss. Die nicht sein darf.

Ja – Euer Herr Pfarrer liebt. Er liebt so sehr, dass es weh tut. Er liebt so sehr, dass er endlich diesen Kragen sprengen will. Es ist die Liebe, die ihn bewegt, dieses große, warme schlagende Herz, dessen Stimme gehört werden will.

Ich bin dankbar für diese Liebe, denn sie hat mir gezeigt, dass ich da über eine Mauer springen muss. Selbst wenn sie nie eine Antwort bekommt – so hat sie doch mein Herz aufgeweckt und mir Mut gemacht.

Mein Kragen und mein Talar – die haben mir den Weg zu meinem Herzen verstellt. Unsere Regeln und Gesetze, unsere Traditionen und das was RICHTIG ist, das ist mein Gefängnis. Es schützt mich vor dem Wagnis, nicht zu wissen, was richtig ist und immer nach innen lauschen zu müssen und zu hören – Was sagt mein Herz jetzt – in diesem Moment. Was sagt diese schlagende, ruhige, leise Stimme, in der die Liebe und die Wahrheit pulsieren? Es hätte passieren können, dass ich mit dieser Liebe und dieser Wahrheit gestorben wäre, ohne je davon zu sprechen. Unsere Regeln hatten mir den Weg zu mir verstellt. Zu dem, was ich bin: Ein Mann mit einem Körper und einem Herzen, der nicht nur weiß, was richtig ist, sondern der auch weiß, was noch richtiger ist als richtig: Der Stimme des Herzens und der inneren Wahrheit zu folgen:

Folge der Stimme des Herzens, dann kannst Du über jede Mauer springen. Folge nicht der Stimme der Angst – die lässt aus einem einzelnen Kieselstein eine Friedhofsmauer werden. Folge der Stimme der Liebe.

Du hast die Wahl: Wähle das Herz und die Liebe – oder wähle die Angst und die Regel. Gott sagt: Spring über die Mauer, dann springe ich mit. Gott ist die Liebe. Gott kennt keine Angst.

Er holt aus der Angst heraus in die Liebe. Holt über die Mauer der Angst in die Freiheit. Und heute tut er es mit mir.

Ich freue mich, dass Ihr dabei seid. Wie unsicher auch die ersten Schritte bis zum Sprung sein mögen und wie hoch auch die Mauer – ich kann heute springen.

Ja, Euer Pfarrer liebt seine Kinder, die heute leider nicht da sein mögen und damit eine Regel sprengen. Der Herr Pfarrer liebt seine Kinder

– auch wenn er manchmal vor lauter Regeln und richtig-machen gar nicht weiß, wie das geht. Manchmal tut es diesem Herzen weh, zu spüren, wie fremd diese Kinder ihm geworden sind unter dem steifen Kragen, der so gerade macht und mutlos. Ich habe meinen Kindern immer lieber gesagt, was sie tun sollen, als ihnen einfach zu sagen – kommt her – ich hab Euch lieb und ich gehe mit Euch die Birnen von Bauer Friedrichs großem Baum klauen…

Aber nein – das darf ich nicht sagen mit meinem Kragen. Und stehlen darf ich schon gar nicht.

Ihr wundert Euch, dass ich nicht von meiner Frau rede?

Ja, die habe ich einmal geliebt. Ich habe geglaubt sie zu lieben. Sie war und ist so wunderbar rechtschaffen. So klug und so grau wie es sich für eine Pfarrfrau gehört. Wunderbar. Bis heute achte ich sie sehr und wir hätten noch lange miteinander sein können, ohne wirklich glücklich zu sein und ohne wirklich glücklich zu werden.«

Er sah seine Frau lange schweigend an. Sie hielt seinem Blick ruhig stand. »Nicht wahr, meine Liebe, wir waren immer ein ordentliches Paar. Auch wenn Du keinen sichtbaren Kragen trägst – ich weiß, dass Du auch einem umhast. Und dass Du ihn gerne ausziehen würdest. Tu es, meine Liebe, tu es. So wie ich es jetzt tue.«

Mit diesen Worten griff sich der Pfarrer an den Kragen und zerrte sich das weiße Ding vom Hals. Beinahe fröhlich zerknüllte er unter dem ärgerlichen, ängstlichen Gemurmel der Ältesten seinen Kragen und warf ihn von der Kanzel hinunter.

»So – das ist gut! Atmen. Frei sein. Sich bewegen können.

Ja – und liebe Gemeinde, jetzt will ich Euch noch etwas verraten: Da unter Euch sitzt eine Frau, der mein ganzes Herz gehört. Die Liebe zu meiner Gemahlin ist schon lange unter dem Kragen erstickt – und ich weiß, dass es ihr genau so geht wie mir. Die Mauern waren zu hoch. Der Kragen zu dick. Die Regeln zu viele. Und dann habe ich hier diese Frau getroffen. Gleich, als ich sie zum ersten Mal sah, wusste ich, dass ich diese Frau lieben würde mein Leben lang. Ob sie mich nun erhören würde oder nicht.

Nein, nein«, sagte der Pfarrer in das aufbrausende Geraune der Gemeinde, »es ist nichts Unrechtes geschehen. Ich habe sie nicht heimlich in eine Scheune gezerrt. Wenige Male bin ich mit ihr allein gewesen für kurze Momente. Sie weiß von meiner Liebe und trägt das Geheimnis in sich. Und ich weiß, dass auch in ihr eine tiefe Liebe zu mir brennt. Ich weiß auch, dass sie nicht wagt, diese Liebe zu leben – denn auch sie trägt ihren Kragen wie wir alle.

Oder – vielleicht wagst Du es doch? Dann komm' mit mir, wenn Du magst. Und wenn Du später nachkommen willst – frag' Dein Herz. Du wirst mich finden. Hinter der Mauer. Ich liebe Dich. Aber Du musst nicht mitkommen oder nachkommen. Dass ich heute hier so spreche, das verdanke ich Dir.«

Der Pfarrer legte seinen Talar nun ganz ab und legte ihn über die Kanzelbrüstung. Schweigend, fast zärtlich und nachdenklich strich er mit der Hand über den schweren Stoff. Jetzt stand ein einfacher Bauer vor den Leuten.

»Seht ihr, liebe Gemeinde – das hat mir Gott gesagt mit seinem Vers: Spring über die Mauer. Verlass die alten Regeln, sieh an Dir hinunter und höre auf Dein Herz. Tu einmal nicht das, was die Regel sagt, sondern was Dein Herz weiß. Geh den Weg Deines Herzens. Hab Mut. Ich springe mit Dir – ich ziehe Dich über die Mauer. Endlich wage ich es, über die Mauer zu springen, wie einer, der aus langer Gefangenschaft entweicht in ein weites, freies Land. Weiß nicht, was kommt, weiß nicht, was mir blüht. Und springe doch.

Ich folge dem Herzen.

Dir, meiner lieben Frau, sag' ich: Spring' Du auch. Spring' über die Angst. Spring' über die Mauer. Gott trägt Dich dabei. Folge einfach der Stimme Deines Herzens. Es weiß den Weg.

Und Euch, liebe Gemeinde sage ich: Folgt auch Ihr der Stimme Eures Herzens. Wenn Ihr mögt.

Und so gehe ich jetzt hier hinunter und ich bin sicher: Der alte Harms als unser Ältester wird den Gottesdienst mit Anstand zu Ende bringen.

Und Dir, lieber Organisten- und Lehrerfreund sage ich: Du sollst jetzt spielen: ›Lobet den Herren‹, alle Verse. Und bitte spiel' es einmal so schnell, dass es auch ein Loblied ist und kein Trauergesang, bei dem die Engel Magendrücken bekommen. Und erzähl mir nicht, dass die Leute nicht schneller singen können. Sie können. Die Freiheit und die Liebe macht uns Beine, macht uns Luft, macht uns Lust und Freude. Amen. Ja. Amen sage ich und noch einmal Amen. Und: Lobe den Herrn!«

Mitten zwischen den Leuten, die es nicht besser wussten, als dem pflichtschuldigst spielenden Organisten in seinem Lied zu folgen, ging der Pfarrer als ein Bauer hinaus aus der Kirche.

Aller Augen folgten ihm.

Von der Stille zwischen den Gedanken

Einmal kam einer zum alten Mann, der konnte nicht zur Ruhe kommen. Ständig, ob im Beruf oder zu Hause, musste er irgend etwas tun, konnte nicht lange sitzen und nicht bei einer Sache bleiben. Es war, als müsse er stets mindestens drei Dinge gleichzeitig tun, um genug beschäftigt zu sein.

Und doch war er einer, der sich nach Ruhe sehnte und anderen viel davon erzählte, wie wichtig es sei, zur Ruhe zu kommen.

Allein, er selbst konnte es nicht. Er war wie getrieben. Nirgends war er so recht zufrieden. Alles, was er tat, genügte ihm nicht. Er ging zum alten Mann, erzählte ihm aus seinem Leben und bat um einen Rat.

Der alte Mann hörte ihm gut zu.

> Er saß und sah.
> Er sah genau und hörte.
> Er hörte genau und fühlte.
> Er fühlte genau und roch.
> Er roch genau und schmeckte.
> Er hörte, wie es seine Art war zu hören.
> Er hörte, saß lange und schwieg.

Dann erzählte der alte Mann ihm eine Geschichte:

Lange bevor Gott die Erde schuf und das Universum und alles was darinnen ist und alles, was nicht ist; lange bevor Gott daran dachte, sich ein Universum zu erschaffen, damit er sich ausbreiten und in seiner göttlichen Schöpfung sein könnte; lange bevor irgend jemand über Zeit nachdenken konnte und über Unruhe und Stille – da war Gott still.

Gott war so lange still, dass niemand – wenn es denn irgend jemanden gegeben hätte damals, der etwas hätte merken können – dass also niemand gemerkt hätte, dass Gott überhaupt da war. Gott war so unendlich still und so unendlich leer, dass er nichts war als das NICHTS.

Gott war so still, dass er nicht einmal etwas dachte.

Gott gönnte sich – würden wir in unserer Menschensprache sagen – Gott gönnte sich einen Moment der Stille, bevor er das Universum schuf.

Nicht dass Gott vorher schon vorgehabt hätte, das Universum zu schaffen – nein – denn wenn Gott etwas vorhat, dann tut er es gleich und zwar in göttlicher Vollkommenheit und wartet und zögert nicht wie wir Menschen es tun.

Aber Gott hat Zeit – und da gönnte er sich gelegentlich einen Moment der Stille.

Und genau in diesem Moment der Stille – in diesem Moment, in dem Gott nichts dachte und nichts plante, in dem er so sehr war – dass er aufging im unendlichen Nichts, entstand aus der Stille ein Gedanke. Ein einziger Gedanke. Dieser Gedanke war: Unendliche Liebe.

Und weil Liebe nicht sein kann ohne etwas, das man lieben kann, beschloss Gott, in Milliarden und Abermilliarden von kleinen und allerkleinsten Teilen zu zerplatzen – und Bäng – war es da, das Universum. Denn da nichts ist außer Gott, konnte er nur sich selbst zerplatzen lassen. Und alle die Abermilliarden von kleinen und kleinsten Teilen begannen nun ihre Reise und in jedem war Gott und war das Kleinste und das Ganze enthalten. Jedes dieser Teilchen und auch die größten Brocken haben nur einen Auftrag: Gottes unendliche Größe und seine unendliche Liebe zu zeigen, zu erfahren und erfahrbar zu machen.

So einfach ist das.

Und wir Menschen? Wir Menschen sind Lebewesen, die irgendwie alle aus Teilen Gottes bestehen.

Nach einer aus Menschensicht unendlich langen Entwicklung stehen wir jetzt so herum auf dieser Erde, so lange wir es noch nicht geschafft haben, uns gegenseitig zu zerstören – und am besten die Erde gleich mit – und wir fragen uns, was das alles soll. Warum gibt es uns? Was ist unsere Aufgabe? Was ist der Sinn des Ganzen?

Und da wir klug sind, wissen wir: Einfach nur, dass es da ist. Einen anderen Sinn gibt es nicht. Und das ist kein Sinn.

Und wenn wir gerne einen Sinn für unser eigenes kleines Leben erfinden möchten, dann können wir das gerne tun, Gott hat nichts dagegen, denn dann kann er wieder einmal etwas Neues entdecken von sich selbst – wenn er es nicht schon wüsste. Und das Verrückte ist – was immer wir tun – es ist wichtig und gut und ohne uns gäbe es dieses Universum nicht. Jeder Mensch macht, dass dieses ganze riesige Universum vollständig ist. Wäre er nicht da, wäre das Universum nicht vollständig. Es würde möglicherweise einfach nicht bestehen. Dann wäre Gott nicht vollständig. Und weil Gott immer vollständig ist, muss es einen jeden von uns geben, so lange er lebt und danach sowieso. Das alles wissen wir alle ja längst und haben es auch verstanden.

Aber da gab es einmal einen Mann, der wusste das alles nicht. Und er suchte.

Er suchte nach einem Sinn in seinem Leben – aber das wusste er nicht. Er suchte nach einem Moment der Ruhe in seinem Leben – aber das wusste er nicht. Er suchte nach einem Ausdruck für seine Liebe und wollte so gerne geliebt sein – das ahnte er.

Der Mann war ein großer Sucher vor dem Herrn. Er wusste das nicht. Er war einfach einer, der nie zur Ruhe kam.

Und Gott war da, lächelte und sah es mit Freuden.

Schon als Junge und als Teenager war der Mann dauernd unterwegs gewesen, hatte nach kleinen und großen Abenteuern gesucht und sie oft auch dann erlebt, wenn er gerade mal kein Abenteuer brauchen konnte. Nicht alle davon gingen glücklich für ihn aus und so manche Narbe erzählt bis heute die Geschichte von missglückten Landungen nach Flugübungen von zu hohen Bäumen oder dem Ende rasanter Fahrten mit dem Roller.

Damals, als Kind, und später als Jugendlicher und junger Mann war er dauernd unterwegs, weil er dachte, er müsse so viel als möglich erleben, um das Leben zu verstehen und um immer Neues zu lernen.

Gott war da, lächelte und sah es mit Freuden.

Als der Mann älter wurde, heiratete und eine Familie gründete, war es ähnlich. Er wurde zwar ein wenig ruhiger, weil er nicht so schnell überall hingelangen konnte mit dem Kinderwagen, den er schob, und den Einkaufskörben vom Wochenendeinkauf. Aber auch jetzt noch spürte er ständig einen inneren Drang nach mehr und wusste eigentlich gar nicht wohin.

Er liebte seine Frau und wollte gut für sie und die Kinder sorgen, also verdiente er erst einmal mehr Geld.

Gott war da, lächelte und sah es mit Freuden.

Dann strengte sich der Mann an, Karriere zu machen und seine Frau ermutigte ihn auch dazu und die Kinder waren stolz auf den Papa. Der Papa war stark und gut, engagierte sich im Beruf und für die Ökologie und für die Armen dieser Welt und er war zudem ein guter Vater, der sich gerne und liebevoll um seine Kinder kümmerte. Ja wirklich, das war er! Wenn er Zeit dafür hatte.

Der Mann war getrieben davon, dass es wichtig war, wichtige Dinge richtig zu tun. Und er tat sie. Still und ohne viel Aufhebens davon zu machen – er war so einer, der immer da ist, wenn man ihn braucht. Ein guter Mann.

Ein guter Mann.

Seine Frau war ganz ähnlich wie er, auch sie wollte ihren Weg gehen denn sie führten eine gute Ehe und sie ging ihren Weg und die Familie ging einen guten Weg und alles war in Ordnung.

Gott war da, lächelte und sah es mit Freuden.

Da begann der Mann immer öfter zu sagen: Man müsste mal zur Ruhe kommen, man müsste mal mehr Zeit haben fürs Leben. Er begann zu spüren, dass ihm etwas verloren gegangen war. Er suchte nach der Ruhe. Der Mann sagte das und begann die nächste Arbeit – denn mittlerweile hatten viele gemerkt, dass man ihm gut viele Arbeiten geben konnte. Er nahm sie auch gerne alle an und erledigte sie gewissenhaft. Auf einmal schien es, als gäbe es keinen Raum für wirkliche Ruhe mehr zwischen all den Dingen, die der Mann zu tun hatte. Wenn einmal ein solcher Raum entstand, dann unternahm der Mann sofort etwas, und wenn es nur war, dass er mit seiner kleinen Tochter Fahrrad fahren ging.

Gott war da, lächelte und sah es mit Freuden.

Der Mann suchte und suchte und suchte und würde nicht fündig, weil er auch nicht recht wusste, was er suchte. Es schien ihm, als sei alles vorherbestimmt. Seine Unruhe wurde größer. Ständig war er in Bewegung. Manche Menschen irren wie aufgeregte Hühner durch die Welt und hasten nach Antworten suchend herum.

Gott war da, lächelte und sah es mit Freuden.

Und als der Mann lang genug gesucht hatte und in den kurzen stillen Momenten unter der Dusche oder auf der Toilette manchmal leise Gebete an ihn richtete und ihn bat, ihm doch beim Suchen zu helfen – da stellte Gott dem Mann ein Bein.

Ganz sanft und leicht, aber trotzdem, das Bein war gebrochen und der Mann musste sich ins Bett legen. Er musste sogar ins Krankenhaus und wurde operiert.

Als er nach der Operation wieder aufwachte, lag er da neben einem alten Herrn, der tagsüber ganz nett war, aber nachts fürchterlich laut schnarchte. Sie redeten kaum miteinander – außer eben über das Essen und das Wetter und die nette Assistenzärztin – wie es Männer eben so tun im Krankenhaus.

Da der Mann deshalb nie genug zum Schlafen kam und weil er sich nicht traute, um eine Verlegung zu bitten, um den alten Herrn nicht zu kränken, wurde er immer müder und müder und konnte kaum mehr etwas tun, als einfach nur so dazuliegen und vor sich hin zu dösen.

Als er so richtig müde und erschöpft in seinem Bett lag und kaum noch einen klaren Gedanken fassen konnte – da fragte ihn der alte Herr aus dem Bett nebenan in seinen Halbschlaf hinein:

»Was ist eigentlich in der Stille zwischen den Gedanken?«

Nur diese eine Frage stellte der alte Herr. Sie setzte sich aber fest im Hirn des Mannes und ließ ihn nicht mehr los. Was ist in der Stille zwischen den Gedanken? Der Mann begann, zwischen seine Gedanken hineinzudenken – eben diese Frage hineinzuzwängen. Das gelang ihm nicht. Gab es keinen Raum zwischen den Gedanken? Keine Spanne der Leere? Des Nichts? Er grübelte und dachte und fragte sich und wurde immer müder – und auf einmal geriet er in die Stille zwischen zwei Gedanken. Genau dann, als er es aufgegeben hatte, geriet er mitten hinein in die Stille zwischen zwei Gedanken.

Und da – in dieser Stille war Gott, saß da, lächelte und sah in mit Freuden an. Er sah aus wie der Mann selbst. Irgendwie jedenfalls. Vertraut eben. Sehr vertraut.

Als der Mann endlich wieder einen Gedanken fasste – obwohl er gar keine Sehnsucht mehr danach hatte, drehte er sich um zu dem alten Schnarcher im Bett daneben um und sagte:

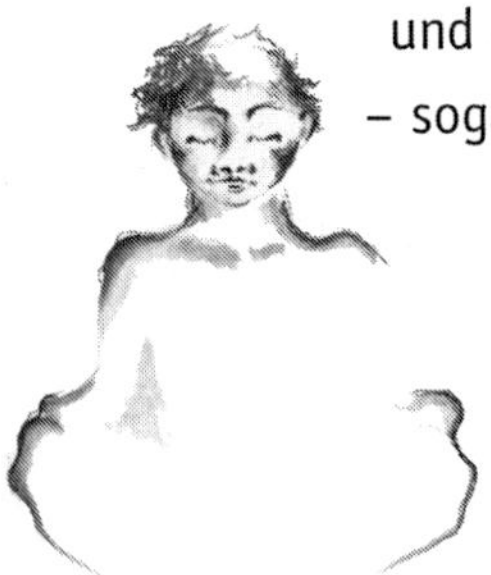

»In der Stille zwischen den Gedanken ist Ruhe, ist Gott. Und es gibt nichts, was nicht Gott ist. Alles ist Gott, Sie und ich und dieses Bett und das Krankenhaus und – verzeihen Sie, wenn ich das sage – sogar Ihr unglaublich lautes Schnarchen. Alles ist Gott. Und alles ist einfach nur da, weil es da ist. Nur einfach so. Die Ruhe, die ich immer gesucht hatte, habe ich bei mir – ich muss nichts tun, als den Mut haben, meine Gedanken still werden zu lassen, indem ich mich frage, was in der Stille zwischen den Gedanken ist.« Der Mann war ziemlich erschüttert von diesem Erlebnis. Er war erschüttert und auch glücklich. Der alte Herr lächelte und sah dabei merkwürdig vertraut aus. »Das freut mich für Sie«, sagte er, »dass Sie eine so schöne Antwort auf meine dumme Frage gefunden haben.«

In der Nacht tat er völlig unvermittelt einen sehr, sehr lauten Schnarcher. Danach war es ganz still. Als der Mann hinübersah ins Nachbarbett, sah er, dass sein Nachbar tot war. Einfach so.

Im Tod sah er aus, als verweile er gerade in der Stille zwischen zwei Gedanken. Sehr freundlich, sehr friedvoll und irgendwie heilig, sagten die Schwestern, die das Bett mit dem Toten sachte aus dem Zimmer holten.

Der Mann war sehr glücklich, dieses Sterben miterlebt zu haben.

»Ich danke Ihnen, Sie haben mir sehr geholfen«, sagte er halblaut, als die Schwestern das Bett hinausschoben. Da sah es so aus, als würde der Tote noch einmal eine Hand heben und ihm einen freundlichen Gruß zuwinken.

Das Bein des Mannes heilte danach erstaunlich schnell.

Als er wieder nach Hause kam und in seine Arbeit, war das Meiste ganz ähnlich wie zuvor. Er arbeitete etwas weniger, genoss das Leben aber sehr viel mehr. Er freute sich an vielem, was er zuvor nicht gesehen hatte. Mindestens einmal am Tag jedoch saß der Mann irgendwo in einer Ecke und lächelte still vor sich hin. Einfach nur so. Mitten zwischen der Arbeit oder den Kindern oder auf dem Fußballplatz.

»Schaut«, sagte da die Mutter zu den Kindern, »er sucht wieder nach der Stille zwischen den Gedanken«. Die Kinder nickten verständnisvoll – sie wussten, wie schwer es Erwachsene haben, etwas wiederzufinden, was sie so ganz genau kennen.

Gott war da, lächelte und sah es mit Freuden.

Der goldene Rabe

Einmal kam zum alten Mann ein guter Freund. Sie kannten sich schon lange und mochten einander. Der Freund war ein reicher Mann. Es gab Weniges, was er sich nicht kaufen konnte. Er war trotz seines Reichtums, den er sich hart erarbeitet hatte, einer geblieben, mit dem die meisten Menschen gerne zusammen waren. Seine Angestellten mochten ihn. Seine Feinde fürchteten jedoch seine Härte, zu der er durchaus fähig war.

Der Freund war mit einer Flasche guten Weins gekommen. Jetzt saßen der alte Mann und er zusammen, aßen würzigen Käse, Brot mit Nüssen und tranken den Wein.

Der Freund erzählte von seiner Arbeit und seinen Erfolgen. Er erzählte von seiner Frau und der kleinen Tochter. Er erzählte von all den guten Dingen, die er erlebte, von seinen Reisen und Errungenschaften. Immer mehr erzählte er und wurde doch darüber immer trauriger. Obwohl er von schönen Dingen redete, von denen so viele nur träumen können, war immer weniger Kraft in seiner Stimme. Der große stämmige Mann wurde immer kleiner. Müde, zusammengesunken saß er neben dem alten Mann und redete immer weiter.

Der alte Mann saß und sah.
Er sah genau und hörte.
Er hörte genau und fühlte.
Er fühlte genau und roch.
Er roch genau und schmeckte.
Er hörte, wie es seine Art war zu hören.
Er hörte, saß lange und schwieg.

Er legte dem Freund beruhigend seine Hand auf den Arm. Der Freund schwieg. »Darf ich Dir eine Geschichte erzählen?«, fragte der Alte. Der Freund nickte.

Lange schwieg der alte Mann. Dann begann er:

Es lebte einmal ein kleiner Rabe. Seine Rabeneltern waren durchaus nicht so klug und weise, wie es alte Raben zu sein pflegen. Sie waren immer etwas zerzaust und mussten bei den großen Rabenversammlungen ganz am Rande sitzen. Nicht, dass sie darüber unglücklich gewesen wären. Sie lebten froh und bescheiden und zogen ihre Rabenkinderscharen groß. Der kleine Rabe kam schon genau so zerzaust wie seine Eltern aus dem Ei. Sein Schnabel war nicht ganz gerade und als er heranwuchs, war er durchaus ein wenig pummelig. Er wurde ein richtiger Rabauke. Wenn es irgendwo etwas anzustellen gab, dann war der kleine Rabe ganz bestimmt mittendrin dabei. Er genoss es, mit den Krähen und Falken um die Wette zu fliegen, die Mäuse zu erschrecken, dass sie eiligst in ihre Nester zurückstoben, laut krächzend auf harmlose Spaziergänger loszustürzen und den Bauern die Weintrauben von den Rebstöcken zu stehlen.

»Aus Dir wird nie ein rechter Rabe werden«, schimpfte ihn der alte Lehrer in der Rabenschule. »Du bist in deinem Kopf so krumm, wie Dein Schnabel gewachsen ist.«

»Na warte«, dachte der kleine Rabenjunge, »Dir will ich's zeigen«. Und er wurde noch wilder als vorher. Weil er so wild war, wurde er stark und mutig, Dinge zu tun, die sich kein anderes Rabenkind traute. Die alten Raben schüttelten traurig oder wütend die Köpfe, wenn sie ihn im Tiefflug vorbeiflitzen sahen. »Er wird sich noch einmal den Kopf an einem Felsen zerschmettern, so gefährlich fliegt er«, sagten sie. »Raben sind doch keine Kunstflieger wie die Schwalben.«

Eines Tages jagte der kleine Rabe wieder einmal ganz allein durch die Luft und versuchte, doppelte Saltos zu schlagen, wie er es bei einer chinesischen Schwalbe gesehen hatte, die sich in ihre Gegend verirrt hatte. Da sah er mitten im rasenden Flug eine überirdische Erscheinung in der Luft. Er bremste so scharf, dass er sich tatsächlich zweimal in der Luft überschlug und zu Boden fiel.

Was er sah, war unglaublich: Er sah einen goldenen Raben! Der war so golden, dass es die Augen blendete, ihn auch nur anzusehen. Der goldene Rabe saß auf einer goldenen Stange, die an vier langen Schnüren hing. Jede der Schnüre wurde von einem tiefschwarz glänzenden Raben gehalten. Majestätisch und langsam flogen sie dahin. Der goldene Rabe lächelte dem jungen Raben zu, zupfte ein kleine Feder aus seinem Kleid und ließ sie fallen. »Kauf' Dir was Schönes!«, rief er. Dann war die Erscheinung verschwunden.

Der kleine Rabe rappelte sich auf und glaubte, einen Traum gehabt zu haben. Aber da lag die goldene Feder im Gras. Er hatte nicht geträumt. Er nahm die Feder auf und trug sie nach Hause. Er war auf einmal sehr nachdenklich. Der Vater freute sich über die Feder, davon konnten sie für eine ganz Woche die allerbesten Leckereien im Rabenladen kaufen. Der kleine Rabe fragte von jetzt an alle Raben, wie man zu goldenen Federn kommen könnte. Die meisten lachten ihn aus. Andere meinten, man müsste so geboren sein. Andere sagten, das seien nur böse Raben, die golden seien. Helfen mochte ihm keiner. Endlich kam der kleine Rabe zu einer sehr, sehr alten Rabendame. Die war nicht schwarz. Die hatte weiße Federn. Viele schwarze Raben saßen bei ihr und fragten sie um Rat. Sie begegneten ihr mit großer Ehrfurcht. Die alte Rabendame aber schaute meistens ziemlich verschmitzt um sich und half den anderen gerne.

Als sie den kleinen Raben entdeckte, gähnte sie laut und sagte zu ihren Gästen: »Liebe Freunde, ich bin sehr müde. Bitte habt Verständnis, wenn ich ein wenig Ruhe brauche. Kommt morgen wieder. Ich will ein wenig für mich allein sein.« Dabei zwinkerte sie dem kleinen Raben zu, sodass nur er es sehen konnte. Als alle anderen Raben gegangen waren, saß der kleine Rabe immer noch still auf seinem Platz. »Komm her«, sagte die Alte. Er hüpfte näher, blieb in respektvollem Abstand sitzen. »Noch näher«, sagte die Alte und hob ihren linken Flügel hoch. Der kleine Rabe verstand. Und obwohl er gar nicht mehr wirklich klein war, schlüpfte er schnell unter den riesigen weißen Flügel und setzte sich. Das war ein guter Platz.

Lange saßen die beiden schweigend und schauten über die weiten Felder. »Was willst Du?«, fragte die Alte. »Ich möchte ein goldener Rabe werden. Dann werden mich alle bewundern und ich kann mit meinen Federn alles tun, was ich jetzt nicht kann und noch viel mehr. Kannst Du mir sagen, wie ich ein goldener Rabe werden kann?«

»Ja«, sagte die alte Rabenurgroßmutter. »Das kann ich Dir sagen. Aber Du wirst nie wieder der sein, der Du bist. Und Du wirst viel Schweres erleben. Willst Du trotzdem ein goldener Rabe sein?«

»Ja«, sagt der kleine Rabe, dem es sehr gut gefiel unter dem großen Flügel.

»Weißt Du, unter Deinem Flügel zu sitzen, ist sehr schön. Aber hier kann ich ja nicht bleiben. Die anderen Raben hänseln mich alle. Wenn ich einmal ein goldener Rabe bin, werden sie das nicht mehr tun. Dann bin ich so beliebt wie Du und kann alles tun, was ich will. Ja, ich will ein goldener Rabe werden.«

»Gut«, sagte die alte Rabenurgroßmutter mit verträumter Stimme, »ich will Dir helfen. Du musst fliegen. Fliege immer weiter gegen Sonnenaufgang. Fliege sieben Tage und Nächte und ruhe Dich dabei nicht ein einziges Mal aus. Dann kommst Du an einen großen Berg. Der ist so hoch, dass Du seinen Gipfel nicht sehen kannst. Fliege hinauf. Wenn Du den allerhöchsten Gipfel erreicht hast, wirst Du dort einen tiefen

Schlund entdecken. Aus diesem Schlund stößt der Berg einmal an jedem Tag zur Mittagsstunde einen Feuerschweif aus. Durch den musst Du an sieben Tagen mitten hindurch fliegen. Wenn Du dabei auch nur einmal unentschlossen bist, wirst Du sterben. Nur wenn Du ganz sicher bist, dass Du ein goldener Rabe sein willst, fliege hindurch. Am siebten Tag wirst Du ein goldener Rabe sein. Und vergiss dies nicht: Ruh' Dich niemals aus auf Deinem Flug. Und während der sieben Tagen auf dem Berg darfst Du nichts essen, sondern nur den Tau von den Felsen trinken!«

Der junge Rabe bedankte sich, flog nach Hause, aß, als ob er nie mehr etwas zu essen bekäme und schlief sehr lange. Die Eltern schüttelten den Kopf. Ihr Junge war manchmal schon sehr merkwürdig! Früh am nächsten Morgen flog der junge Rabe davon. Er flog und flog. Immer weiter führte ihn sein Weg. Wenn er nicht so kräftig gewesen wäre, er hätte schon am ersten Tag aufgegeben. Am zweiten Tag retteten ihn nur die kühnsten Flugkunststücke vor den Angriffen fremder Adler und Habichte. Am dritten Tag hatte er solchen Hunger, dass er fast vergaß, seine Flügel zu bewegen. Vom vierten Tag an spürte er, wie seinem Körper aus dem Nichts neue Kraft zufloss. Er war erschöpft bis zum Tode, doch er flog.

Am fünften Tag flog unter ihm ein anderer Rabe dahin. Da sah er aus den Augenwinkeln, wie der von einem Habicht angegriffen wurde. Kühn stürzte er sich dazwischen und rettete seinen Rabenbruder. Diese Aktion kostete ihn fast das Leben. Der andere Rabe hatte noch nicht einmal etwas bemerkt. Mit letzter Kraft flog der junge Rabe weiter in den Abendhimmel. Der sechste Tag brach an und er flog immer noch. Am siebten Tag flirrte ihm der Kopf. Nur noch sein Wille trieb ihn weiter. Endlich erblickte er den Berg. Er nahm jedes letzte Restchen Kraft zusammen, das ihm noch geblieben war und flog hinauf. Höher und höher kam er. Die Kälte kroch ihm in die Federn, er klapperte mit dem Schnabel, glaubte, den Gipfel nie mehr zu erreichen – da sah er ihn. Noch ein paar Flügelschläge und er war da. Zitternd setzte er sich nieder, direkt neben einem tiefen dunklen Schlund, aus dem ein warmer Luftstrom empor kam. Der Rabe duckte sich in eine Felsnische und schlief augenblicklich ein.

Er erwachte von einem Röhren und Brummen, das bedrohlich aus dem Berg heraufbrodelte. Schon schoss direkt vor ihm ein riesiger Feuerstrahl empor.

Den Raben schauderte. Da sollte er hindurch?

»Jetzt oder nie«, dachte er, hob sich mit ein paar noch unsicheren Flügelschlägen hoch, flog etwas zurück und stürzte sich mit allerhöchster Kunstfluggeschwindigkeit mitten durch das Feuer. Es geschah ihm nichts. Er spürte den sengenden Atem des Feuers und ein paar Federspitzen rollten sich in der Hitze auf, aber das war alles. Der Rabe war glücklich. Das wollte er wohl schaffen, sieben Tage durch das Feuer zu fliegen. Er suchte sich Tautropfen von den Felsen, die er durstig trank und setzte sich wieder in seine Felsnische, um zu schlafen. Aber nun wurde er wirklich hungrig. Er wurde fast verrückt vor Hunger. Schließlich kaute er auf Steinchen herum, um seinen Hunger zu stillen.

Sieben Tage lang verbrachte der Rabe so auf dem Berg. Die Zeit wurde ihm sehr lang.

Er saß und dachte. Seine Familie fehlte ihm und die Rabenurgroßmutter. Er war sehr allein. Wollte er wirklich ein goldener Rabe sein. Ja, er wollte!

Am siebten Tag war der Rabe so schwach, dass er sich kaum vom Felsen hoch in die Lüfte erheben konnte, als er das Feuer kommen hörte. Er wusste aber, dass er nur durch die Flamme kommen konnte, wenn er mit allerhöchster Geschwindigkeit flog. So schraubte er sich langsam höher und höher über den Berggipfel. Als die Flammenzunge aus dem Berg schoss, ließ er sich fallen wie ein Stein. Nur mit den Flügelspitzen lenkte er seinen Fall so, dass er steil durch die Flamme fallen musste. Das war sehr riskant, denn wenn er zu spät bremste, würde er auf dem Felsen zerschellen. Er fiel und fiel, sein Flug war rasend wie noch nie, er schoss durch das Feuer, breitete die Schwingen aus, sah den Felsen auf sich zurasen, flitzte in der letzten Sekunde um eine Felsnase und flog frei über der ungeheuren Tiefe. Er fühlte sich plötzlich ganz anders. Er blickte nach rechts, er blickte nach links und sah riesengroße goldene Schwingen, die gar nicht zu ihm zu gehören schienen. Doch, das war er! Er war ein goldener Rabe geworden! Er hatte es geschafft!

Vor Freude schlug er einen Purzelbaum in der Luft. Hoppla, das ging nicht mehr als goldener Rabe. Er war zu schwer. Wenn er nicht so viel freie Luft unter sich gehabt hätte, wäre er abgestürzt. »Aha, als goldener Rabe braucht man einen anderen Flugstil«, dachte er glücklich. Dann flog er heim.

Er brauchte lange. Er machte oft Rast, ließ sich bewundern und gab gerne kleine Federn her, damit sich arme Raben etwas kaufen konnten. Er merkte, dass das Fliegen jetzt etwas mühsamer war als vorher und verstand, warum der andere goldene Rabe, den er gesehen hatte, sich hatte tragen lassen. Aber er wollte gerne fit bleiben und verzichtete vorerst noch auf diesen Dienst, den ihm andere Raben gerne gegen ein paar Goldfedern tun wollten. Erst als er fast zu Hause war, suchte er sich ein paar schöne junge Rabenmänner und ließ sich tragen. Zuerst erkannte ihn niemand, denn er hatte sich sehr verändert. Die Leute behandelten ihn plötzlich mit Ehrerbietung und katzbuckelten, dass es ihm beinahe unangenehm war. Am schlimmsten trieb es der alte Rabenlehrer, der den Schnabel gar nicht mehr vom Boden hochbekam, so ehrfurchtsvoll und neidisch schielte er auf das goldene Gefieder.

Lange Zeit lebte jetzt der goldene Rabe in der Nähe seines alten Zuhauses und freute sich an seinem Glanz. Er hatte ein herrliches Nest, um Futter und Freunde brauchte er sich keine Sorge zu machen. Die waren reichlich vorhanden. Manchmal traf er sich mit anderen goldenen Raben. Nicht alle waren durch das Feuer geflogen. Die anderen waren meist Kinder von goldenen Raben und wussten wenig vom Flug über den Feuerberg. Aber sie taten alle so, als wären sie selbst geflogen. Und nicht bloß einmal, nein zweimal, dreimal wollten sie geflogen sein. Der goldene Rabe schüttelte den Kopf über soviel Überheblichkeit.

Eines aber machte den goldenen Raben traurig. Alle wollten irgendwann doch etwas von seinem goldenen Gefieder haben. Auch die scheinbar besten Freunde waren so. Er gab ihnen gerne und war froh, ihnen helfen zu können. Keiner aber fragte ihn, ob er auch einmal Hilfe brauchte. Wenn er Hilfe brauchte, dann musste er sich diese kaufen. Er bekam sie nicht geschenkt.

Mit den Jahren merkte der Rabe, dass ihm vor allem eines fehlte: Er merkte, dass er so gerne geliebt werden und wieder lieben wollte.

Raben können sehr alt werden, und so dachte der goldene Rabe versteckt in seinen goldenen Federn darüber nach, wie er wohl Liebe finden könnte. Denn er spürte, wie in ihm die Liebe zu den anderen Raben groß und stark werden wollte. Die anderen Raben konnten seine Liebe nicht sehen, weil sie immer nur sein Gefieder ansahen.

Da machte der goldene Rabe sich eines Tages ganz allein auf zur Rabenurgroßmutter, die inzwischen längst zur Rabenururururgroßmutter geworden war. Still wie damals setzte er sich wieder ganz hinten hinter die anderen Besucher, obwohl sie ihm Platz machten, ihn einluden, nach vorne zu kommen. Nein, er wollte warten.

Als alle gegangen waren, hob die Rabenururgroßmutter wortlos ihren linken Flügel. Und merkwürdig, er passte immer noch darunter, obwohl er doch inzwischen viel größer geworden war.

»Nun, hast Du genug von deiner goldenen Zeit?«, fragte die Alte nach einer langen Zeit des Schweigens. »Ich weiß nicht«, sagt der goldene Rabe. »Aber ich will lernen, zu lieben und ich will lernen, mich lieben zu lassen.« »Das«, sagte die Alte, »ist ganz leicht und ganz schwer. Du musst dafür noch einmal durch das Feuer fliegen. Nur einmal, das genügt. Und Du musst auch nicht ohne Pause hinfliegen. Du musst allerdings selbst fliegen und sollst unterwegs fasten.«

»Das ist leicht«, sagte der goldene Rabe. »Gleich morgen will ich losfliegen.«

»Nein, ganz so leicht ist es nicht. Du musst jemanden finden, der mit Dir fliegt und mit Dir durch das Feuer geht. Du darfst ihm oder ihr auch gar nichts versprechen. Er muss es einfach so tun. Nur für Dich.«

Noch lange saß der goldene Rabe unter den Flügeln der Rabenururgroßmutter. Dann flog er schweigend davon.

Er fragte viele, viele, ob sie mit ihm kommen wollten. Erst stimmten fast alle zu. Aber wenn sie merkten, dass es gefährlich sein könnte und vor allem, dass es keine Belohnung gab, schreckten sie zurück und lehnten ab.

Viele Wochen und Monate fragte der goldene Rabe. Zum Schluss fragte er beinahe jeden, der ihm über den Weg lief. War es denn so schwer, zu lieben? Er wurde immer trauriger und sein goldenes Gefieder hing an ihm herunter wie früher, als er ein zerzauster junger Stromer war.

Da traf er eines Tages eine junge Rabin, die war arm, hatte einen krummen Schnabel und die klügsten Rabenaugen, die er je gesehen hatte. Ihre Federn hatten einen leichten Grauschimmer, den fand er sehr schön. Er fragte auch sie. Sie sagte, »wenn Du das brauchst für Dich, warum sollte ich nicht mit Dir fliegen. Ich habe Zeit. Kein Problem. Lass uns gehen.« Und sie flogen am nächsten Tag los.

Die junge Rabin schoss oft voraus, schlug Salti, wie er es früher getan hatte, plapperte dauernd drauf los, dass es ihm fast zu viel wurde. Aber sie war da. Seinetwegen. Das war genug. Je länger sie flogen, desto glücklicher wurde er.

Er erzählte unterwegs viel aus seinem Leben. Manchmal hörte seine Gefährtin aufmerksam zu, manchmal machte sie nur Scherze, die ihm beinahe weh taten, weil sie ihn nicht allzu ernst nahm mit all seinem Ernst.

Dann kamen sie zum Berg. Sie wurde ganz still, flog ruhig neben ihm dahin. »Möchtest Du wirklich mit mir mitfliegen?«, fragte der goldene Rabe. »Ja, das will ich«, sagte die junge Rabin, »Du hast es verdient. Ich kann viel von Dir lernen. Du bist ein ganz wunderbarer Rabe.« »Danke«, sagte der goldene Rabe und war in seinem tiefsten Inneren angerührt. Gerne hätte er ihr jetzt etwas geschenkt. Aber er wusste, das wäre falsch.

Endlich erreichten sie den Gipfel des Berges. Eng aneinandergekuschelt verbrachten sie die Nacht, denn es war sehr kalt.

Am nächsten Morgen erzählte der goldene Rabe seiner Begleiterin von seinem ersten Flug zum Berg und seinen Flügen durch das Feuer. Sie hatte jetzt doch Angst. Er spürte dies und wollte sie davon abbringen, mit ihm durch das Feuer zu gehen. Lieber würde er auch ohne Liebe alt werden, als sie zu gefährden. Sie lehnte sehr bestimmt ab.

Als das bedrohliche Brummen des Feuers aus dem tiefen Schlund hervordröhnte, sagte sie: »Komm, lass uns fliegen.« Höher und höher flogen sie über den Berggipfel. Der goldene Rabe erklärte ihr genau, wie sie fliegen sollte.

Da brach das Feuer aus dem Berg.

Sie sahen sich an. »Für die Liebe!«, sagte er. »Für Dich!«, sagte sie. Dann stürzten sie wie ein goldschwarzer Federwirbel auf das Feuer zu.

Seit dieser Zeit gibt es zwei weiße Raben mehr auf der Welt. Weiße Raben wissen um das Geheimnis der Liebe. Sie tun nichts anderes, als alle anderen Raben, ja alle Kreaturen, die der geheimnisvolle Schöpfer in diese Welt gesetzt hat, zu lieben. Den ganzen Tag. Jede Woche. Jahrelang.

Und sie sind glücklich dabei.

Wer die Liebe sucht

Einmal kam zum alten Mann eine Frau, die hatte sich ihr Leben lang abgemüht, glücklich zu werden. Es war ihr nie ganz gelungen. Was immer sie tat, was immer sie erreichte – etwas fehlte. Sie konnte dem alten Mann nicht sagen, was es war. Sowenig wie all den anderen Männern und Frauen, bei denen sie zuvor Hilfe und Rat gesucht hatte.

Sie erzählte dem alten Mann eine sehr lange Geschichte von Versuchen und Versuchungen, von gelungenen und vor allem von misslungenen Wegen. Während sie redete, lachte und weinte sie oft. Als sie ihre Erzählung beendet hatte, war es längst dunkel geworden. Die Dunkelheit hüllte die Frau und ihren Zuhörer sorgsam ein.

Der alte Mann saß und sah.
Er sah genau und hörte.
Er hörte genau und fühlte.
Er fühlte genau und roch.
Er roch genau und schmeckte.
Er hörte, wie es seine Art war zu hören.
Er hörte, saß lange und schwieg.

Dann sagte er zu seinem Gast: »Du hast lange erzählt. Auch ich möchte Dir eine Geschichte erzählen. Aber ich werde sie Dir im Traum erzählen. Wenn Du magst, kannst Du in meiner Gästekammer schlafen.«

Die Frau willigte ein, und bald lag sie in einer kleinen Kammer im Haus des alten Mannes in einem wunderbar angenehmen Bett, neben sich eine Tasse Kräutertee. Durch das geöffnete Fenster strich leicht ein kühler Abendwind. Es klopfte leise. Als sie antwortete, trat der alte Mann ein und setzte sich neben das Bett auf einen Stuhl. »Ich hoffe, es ist alles gut für Dich?«, fragte er.

»Ja, es geht mir gut, ich bin nur sehr müde. Trotzdem möchte ich Deine Geschichte so gerne hören.« »Du wirst sie hören. Du wirst sie sehen und fühlen. Schlaf einfach, und sie wird zu Dir kommen.« Er strich ihr leicht mit der Hand über Stirn und Augen, dann ging er hinaus.

Die Frau lag noch eine Weile wach. Sie hörte, wie der alte Mann sich auf der Terrasse des Hauses in seinen knarrenden Schaukelstuhl setzte. Sie sah durch das Fenster den Mond aufgehen. Dann schlief sie ein.

In dieser Nacht träumte sie einen langen Traum. Sie träumte davon, wie sie sich auf den Weg machte, eine Antwort auf ihre Fragen zu finden. Wie sie überall hinging, wo ihr Hilfe angeboten wurde.

Zu den Therapeuten und Priestern, zu heiligen Orten und in Diskotheken, zu den Gräbern ihrer Eltern und in Bibliotheken. In die Arme manches guten und mancher schlechter Männer. Nirgendwo fand sie eine Antwort. Vielleicht gab es gar keine?

Dann sah sie sich wieder auf einem Weg.

Diesmal ging sie zu einer weisen alten Frau. Von ihr wollte sie lernen. Sie ging lange durch Landschaften und über Wege, wie nur die Träumenden sie sehen. Sie kam dort an. In einem einfachen Haus lebte die Frau. Es war sehr still in dem Haus.

Die alte Frau setzte ihr ein Glas Wasser vor und nahm auf einem Stuhl am Fenster Platz. Es blieb sehr lange still.

»Was willst Du wissen?«, fragte sie ihren Gast. »Jetzt bin ich so weit gegangen, dass ich die richtige Frage nicht mehr weiß. Eigentlich wollte ich Dich fragen, wie man glücklich wird. Aber ich weiß gar nicht mehr, ob das die richtige Frage ist.«

»Dann musst Du die richtige Frage erst noch finden. Aber ich will Dir dabei helfen. Morgen, bei Sonnenaufgang, werde ich Dir eine Aufgabe geben.« Dann ging sie hinaus und ließ ihre Besucherin allein.

Früh am nächsten Morgen weckte die alte Frau ihren Gast. Gemeinsam traten sie vor das Haus. Im Osten ging gerade die Sonne auf.

»Geh los, immer der Sonne entgegen, bis sie genau über Dir steht. Dann kehre um und komme hierher zurück. Es ist nicht wichtig, wie weit Du gehst. Es ist wichtig, dass Du heute sehr aufmerksam bist für das Kleine. Achte auf das Kleine.«

Die Frau ging los, dem Sonnenaufgang entgegen.

Zuerst sah sie nichts Besonderes. Eine Wiese, Bäume, ein paar Wolken am Himmel, eine Bank am Wegrand. Eine Lerche sang ihren Morgengruß. Sie ging einen Weg an der Wiese entlang. Sie blieb stehen, als sie vor sich einen schwarzen Käfer entdeckte, der langsam über den Kies wanderte. Blauschwarz schimmerte sein Panzer. Fast wie ein Schwimmer bewegte er das vordere und das hintere Beinpaar über die kleinen Steinchen. Manchmal schob er sie mit seinen behaarten Vorderbeinen zur Seite. Er krabbelte auf einen größeren Stein und blieb oben sitzen – wie um Ausguck zu halten, wohin er musste. Ganz still stand er, hob den Oberkörper hoch, wendete suchend den Kopf mit den Fühlern hin und her. Dann kroch er weiter – auf kürzestem Weg auf das satte Grün der Gräser am Wegrand zu. Seine Hinterbeine blitzten dabei manchmal blau auf im Sonnenlicht. Endlich war der Käfer am Ziel und verschwand im Gräserwald.

Ein Stück weiter blühten blaue Blumen in der Wiese. Die Frau setzte sich daneben ins Gras und sah Bienen und allerlei anderen Käfern zu, die alle die blauen Blüten zum Ziel hatten, um davon zu trinken. Sie staunte, wie viele unterschiedliche Tiere von der einen blauen Blume lebten. Dann entdeckte sie einen ganzen Ameisenzug, der sich abmühte, eine große Käferlarve zu einem Nest zu schleppen.

Im Weitergehen sah sie Blätter an Bäumen, die über und über mit Larven besetzt waren. Sie entdeckte den Schößling einer Föhre mitten auf dem Weg. Sie entdeckte die feinen Adern in der Rinde der Bäume.

Mit der Zeit hörte sie auch die kleinen Geräusche um sich her. Das leise Geräusch, das ein Käfer macht, wenn er ein Blatt umwendet. Das Rascheln einer Amsel im Brombeergesträuch. Einmal konnte sie sogar mehr ahnen als sehen, wie eine winzig kleine Haselmaus von einem Busch zum nächsten huschte.

»Das Kleine ist erst zu sehen, wenn Du ruhig wirst«, dachte sie. Aber das war nichts Neues.

Sie dachte nach. »All dies hier ist einfach. Keines dieser Tiere zerbricht sich den Kopf darüber, was es hier soll. Sie alle kennen ihre Bestimmung: Mist aufzuräumen der Mistkäfer. Honig zu sammeln die Biene. Blätter zu fressen die Larve. Larven zu fressen der Vogel. Verwesendes zu verwerten der Regenwurm. Sie alle tun, was ihnen vor die Nase kommt. Sie tun immer nur eines. Und das tun sie gut.«

Am Abend kehrte sie zu der alten Frau zurück.

»Danke«, sagte sie, »ich habe viel entdeckt. Das Kleine hat mich gelehrt, dass es wichtig ist, immer nur die eine Sache zu tun, die gerade ansteht. Es ist genug, ein Ziel zu haben. Das nächste Ziel wird sich zeigen.«

»Du hast sehr viel gelernt«, sagte die alte Frau. »Jetzt komm und iss. Morgen wirst Du eine weitere Aufgabe lösen.«

Am nächsten Morgen wurde die Frau wieder sehr früh geweckt. Diesmal schickte die alte Frau sie nach Westen. »Geh immer nach Westen, bis die Sonne über Dir steht. Dann komm zurück. Es ist wichtig, dass Du heute sehr aufmerksam bist für das Große. Heute sollst Du auf das Große achten.«

Die Frau ging los. Zuerst war ihr Blick noch am Boden wie am Tag zuvor. Ihre Augen suchten noch nach den kleinen Käfern und Pflanzen. Doch bald begann sie, nach dem Großen zu suchen.

Da stand auf der Weide ein riesiger Stier, der friedlich vor sich hin graste. Er würdigte sie keines Blickes, als sie an ihm vorüber ging, und doch war sie froh, dass ein Zaun ihn von ihr trennte.

An einer Wegkreuzung stand eine uralte Wetterbuche. Sie setzte sich unter den Baum und lehnte sich an den rauen Stamm. Riesige Äste spannten über ihr ein weites Dach, durch das kaum ein Sonnenstrahl zu dringen vermochte. Zehntausende Blätter raschelten leise im Sommerwind. Während sie saß und den Baum ansah, meinte sie, eine große Gelassenheit zu spüren, die von dem Baum ausging. Das hier war ein guter Platz. Dennoch stand sie auf und ging weiter.

Ihr Weg führte sie in einen großen Wald. Fast war ihr ein wenig unheimlich, als sie hineinging. Still standen die Bäume. Manchmal knackte irgendwo ein Ast, kam ein Rascheln aus dem Unterholz. Wenn sie nach oben schaute, konnte sie sehen, wie der Wind die Baumkronen ein ganz klein wenig winken ließ. Und plötzlich fühlte sie sich hier geborgen.

Im Weitergehen gelangte sie zu einem riesigen Felsblock, der mitten im Wald auf einer Lichtung lag. Fremd sah er aus, wie hingeworfen. Sie schaffte es, hinaufzuklettern und konnte jetzt frei über die Baumwipfel sehen.

Weit erstreckte sich der Wald wie ein unendliches Meer um sie her.

Sie setzte sich hin und ruhte aus. Sie sah das Waldmeer. Sie sah über sich das unendliche Blau. Die Sonne stand hoch am Himmel und brannte auf sie nieder.

»Ich sehe viele große Dinge«, dachte die Frau. »Das Große strahlt Ruhe aus und Gewissheit. Es fragt sich nicht, warum es ist. Es ist.«

Sie saß und lauschte der Stille, während die Erde unter der Sonne ihren Weg durchs Weltall drehte. Dann kehrte sie zu der alten Frau zurück.

»Heute habe ich wieder viel gelernt«, sagte sie zu der alten Frau. »Das Große hat mich gelehrt, dass es gut ist, da zu sein. Ich muss nicht überlegen, warum etwas ist. Es genügt, dass es ist. Der Fels, der Wald, der Baum, der Stier – sie sind einfach da. Auch sie werden irgendwann wieder vergehen – aber jetzt sind sie einfach da und das ist gut so.«

»Du hast wieder viel gelernt«, sagte die alte Frau. »Jetzt komm und iss. Morgen wirst Du die dritte Aufgabe bekommen.«

Am nächsten Morgen wurde die Frau wieder sehr früh geweckt.

»Heute geh nach Süden. Folge diesem Weg. Du wirst nach einiger Zeit an einen einsamen See gelangen. Tu dort, was Dir einfällt.«

»Und was ist die Aufgabe?« »Die Aufgabe ist, heute zu tun, was Dein Herz Dir sagt.«

Die Frau ging los und folgte dem kleinen Pfad, den ihr die Alte gezeigt hatte. Der Weg schlängelte sich durch Wiesen, an Kuhweiden vorbei in einen Wald.

Die Frau sah die kleinen Tiere auf dem Weg und begrüßte die großen Bäume wie alte Freunde. Sie ging, ohne viel zu denken. Schließlich wurde der Wald lichter und sie fand sich an einen kleinen See, der wie verzaubert und vergessen im Licht lag. An den Ufern wuchsen Liliengewächse. Libellen schwirrten über das dunkle Wasser.

Die Frau setzte sich auf einen umgestürzten Baumstamm am Ufer nieder. Sie saß lange. Sie saß so lange, bis sich Vorgestern, Gestern und Heute in ihr verschmolzen.

Sie stand auf, zog sich sorglos aus und ließ sich langsam in das warme Wasser gleiten. Erst hatte sie noch ein wenig Angst, aber dann schwand diese Angst und sie schwamm mit kraftvollen Zügen bis zur Mitte des Sees. Mit jedem Schwimmzug hatte sie das Gefühl, als würde ein Teil ihrer schweren, belastenden Erinnerungen von ihr abgewaschen. Sie ließ sich treiben. Sie fühlte sich ganz leicht. Das Wasser umspielte ihren Körper. Sie sah die Sonne über sich, den großen stillen Wald, sie roch das Wasser. Sie spürte, wie sie ein Teil dieses großen und kleinen Ganzen wurde. Da wuchs tief aus ihr heraus ein großes Glücksgefühl. Sie konnte gar nicht anders, sie musste herumplanschen und laut rufen. »Ja! Ja! ... Ja!« Dann lag sie wieder still im Wasser und schaute zu, wie sie mit ihrem Körper kleine, zarte Wellenkreise über den See schickte.

Endlich schwamm sie zurück ans Ufer und legte sich ins Gras. Während sie sich von der großen Sonne trocknen ließ, beobachtete sie, wie ein kleiner Käfer die Berge und Täler ihrer Haut erkundete. Dann zog sie sich an und ging zurück zum Haus der alten Frau.

»Heute habe ich wieder etwas gelernt«, sagte sie zur alten Frau. »Ich liebe mich!«

»Da hast Du etwas Wunderbares gelernt. Vergiss es nicht. Und, weißt Du jetzt auch die Frage, die Du mir stellen wolltest?«

Die junge Frau schwieg lange. »Ich denke, ich wollte Dich fragen, wo ich die Liebe finden kann. Ich dachte immer, ich müsste die Liebe von außen bekommen. In den letzten drei Tagen habe ich verstanden, dass ich selbst klein bin und groß zugleich und dass ich mich selbst liebe. Hörst Du, alte Frau – ich liebe mich!«

»Weißt Du«, sagte die alte Frau, »man sieht es Dir an. Du bist wunderschön, wie alle Menschen, die sich lieben und dabei doch achtsam sind für das Große und das Kleine in sich und um sich her.«

Früh am nächsten Morgen wachte die Frau in der Kammer des alten Mannes auf. Sie stand auf und ging zu ihm. Er saß schon am Frühstückstisch und sah ihr entgegen.

Sie lächelte. »Gibt es hier irgendwo einen kleinen See im Wald?«, fragte sie.

Er nickte.

Amma

Einmal kam zum alten Mann eine Frau, die trug schwer an einer dunklen Last. Da gab es offene Geheimnisse und verschlossene Geschichten in ihrem Leben, die sie treu begleiteten und nicht loslassen wollten. Sie hielt sich sehr aufrecht, die Besucherin des alten Mannes, und doch war die Bitte in ihren Augen deutlich zu sehen, wann immer sie sprach: »Befreie mich von meiner Last!«, sagten die Augen, hofften – und glaubten doch nicht daran, dass dies möglich sei.

Der alte Mann hörte der Frau lange zu, wie sie von ihren Nöten sprach. Dann erzählte er ihr eine kleine Geschichte:

Es lebte einmal am Rande einer weiten Steppe eine alte Frau. Manche sagten, sie sei eine Hexe, weil sie so weitab von allen anderen Menschen lebte und manchmal, so erzählte man, wunderliche Dinge tat. Welcher Art die wundersamen Dinge waren – das wusste keiner so recht. Nur, dass sie oft sang, das wusste man.

Sie sang – ohne Worte, mit Worten, wie ein Mann, wie ein Kind, wie der Sturm, wie das Licht über dem See. Niemand, der ihr Singen je gehört hatte, konnte es vergessen. Die singende Amma hieß sie in den Dörfern am Rande der unwirtlichen Steppe. Man sagte, sie sei so alt, dass selbst Gott aufgehört habe, ihre Jahre zu zählen. Sie war wie ein Teil des Landes, auf dem sie lebte.

Rund um ihr kleines, armseliges Häuschen züchtete sie heilende Pflanzen. Sie lebte von dem, was die Natur ihr gab, aß die Wurzeln und Kräuter aus ihrem Garten und kochte sich Grütze aus wildem Getreide, das sie im Sommer mühsam sammelte. Immer gab es ein paar verletzte oder kranke Wildtiere, die zu ihr kamen, um sich heilen zu lassen. So konnte es vorkommen, dass zur gleichen Zeit eine Füchsin und ein Hase für eine paar Tage in ihrem Garten lebten und von ihr Hilfe annahmen, ohne dass die Füchsin den Hasen gefressen hätte. Der Garten der alten Frau galt unter den Tieren als Ort des Friedens, der unter keinen Umständen verletzt werden durfte.

Manchmal kam Amma in die Dörfer in der Umgebung und besuchte, ohne viel Worte zu machen, die Hütten der Menschen, in denen Kranke zu heilen waren. Sie redete kaum, gab manchen einen Sud aus Kräutern zu trinken, legte anderen die Hände auf und summte immer leise ihre Melodien vor sich hin. Am späten Nachmittag kamen die Leute dann auf dem Dorfplatz zusammen. Amma setzte sich zu ihnen und spannte mit ihren Liedern ein Zelt der Stille und des Friedens über das ganze Dorf. Mit der Abenddämmerung verließ sie den Ort und ging still hinaus in die dunkle Steppe. Immer wartete am Rande des Dorfes ein Tier der Steppe. Das ging an ihrer Seite in die Nacht.

Nur wenige Menschen besuchten die alte Frau. Die meisten hatten einfach zu viel Angst oder Respekt vor ihr, und glaubten lieber den merkwürdigen Geschichten als ihrem eigenen Augenschein. Wer aber kam, der war entweder sehr müde und sehr verletzt oder er hatte sich im Sturm des Lebens verirrt und war froh, eine Herberge gefunden zu haben.

So ging es auch einer Frau in mittleren Jahren, die eines Tages durch die Steppe ging. Trotz ihrer großen Müdigkeit hielt sie sich aufrecht. Sie war schon lange unterwegs – eine geübte Wanderin. Mit wachen Augen nahm sie alles wahr. Nur wer genau hinsah, konnte einen großen Schmerz in ihren Augen entdecken und die Anstrengung erkennen, mit der sie eine dunkle Last trug, die schwerer wog als der Rucksack, in dem sie alles Nötige für ihren Weg beförderte.

Die Frau hatte sich auf eine Nacht in der Steppe eingestellt, als sie in der Abenddämmerung Ammas Hütte entdeckte. Wer so weit draußen wohnte, wollte sicher nicht gestört werden, fürchtete die Frau. Und doch zog sie etwas hin zu der Hütte, die da inmitten dieses wundersamen, blühenden Gartens lag. Sie fasste sich ein Herz und ging rasch darauf zu. In Rufweite blieb sie stehen und rief: »Hallo! Ist dort jemand?« Statt einer Antwort kam mit sichtlichen Zeichen der Freude eine kleine Katze über die Steppe zu ihr gesprungen und strich schnurrend um ihre Beine. »Na, wenn das so ist...«, dachte die Frau, und ging mutig auf die Hütte zu. Im Näherkommen sah sie, dass unzählige Vögel im Garten der Hütte lebten und von den Ästen der Obstbäume neugierig auf sie hinabäugten. Sie ahnte, dass auch andere Tiere sie aus ihren Verstecken zwischen den Blumen und Büschen neugierig beobachteten. Zaghaft klopfte sie an die Türe.

»Willkommen«, rief eine Stimme von innen. »Du bist zur rechten Zeit gekommen. Du kannst Dir am Trog neben der Tür die Hände waschen. Das Essen ist gerade fertig.« Die Frau setzte Ihren Rucksack ab, wusch sich die Hände und öffnete dann vorsichtig die Türe.

Drin stand eine unglaublich alte und gleichzeitig kraftvolle Frau an einem Holzherd. Sie trug einen einfachen, sauberen Rock und eine weite Bluse aus dem gleichen handgewebten Stoff.

Sie drehte sich um. Strahlend blaue Augen blickten aus einem alterslosen Gesicht auf den Neuankömmling. »Ich bin Amma. Ich hab' schon auf Dich gewartet. Schön, dass Du da bist! Komm, setz' Dich und ruh' Dich aus. Du wirst müde sein nach dem langen Weg.«

»Woher wusstest Du, dass ich komme?«, fragte die Besucherin.

»Du hast Deine Fragen in den Wind gerufen. Die Vögel haben es mir erzählt«, sagte Amma einfach. Es schien ihr so selbstverständlich zu sein, dass die Besucherin keine weiteren Fragen stellte. Nach einer köstlichen und nahrhaften Suppe wurde sie sehr müde und nahm dankbar die Einladung an, auf einem einfachen Lager in der Ecke der Stube zu schlafen. Sie legte sich hin. Im Einschlafen sah sie Amma zu, wie diese leise summend das irdene Geschirr aufräumte und mit dem Kätzchen sprach. Sie fühlte sich so geborgen wie selten.

Am nächsten Morgen stand die Sonne schon hoch am Himmel, als sie aufwachte. Amma war nicht da. Sie stand auf und fand ihre Gastgeberin draußen im Garten, wie sie gerade einer Füchsin eine große Wunde mit einem Kräutersud vorsichtig auswusch.

Amma sah nur kurz auf und bedeutete ihr mit einem Nicken, sich auf einen Stein in der Nähe zu setzen. Sie fuhr ruhig mit ihrer Arbeit fort und versorgte anschließend auch noch andere Tiere. Es war sehr friedlich in diesem Garten inmitten der wilden Steppe. Schließlich hatte Amma ihre Arbeit beendet, wusch ihre Gerätschaften aus und ging voraus in die Hütte.

Schweigend bereitete sie eine kleine Mahlzeit zu. Sie aßen schweigend. Dann sah Amma ihre Besucherin lange an. »Du trägst eine schwere Last. Du möchtest sie los werden und weißt nicht wie«, sagte sie einfach.

»Ja«, sagte die Besucherin nur und fing lautlos an zu weinen.

Sie saß am Tisch, schaute Amma aus großen, schmerzerfüllten Kinderaugen an und weinte zum ersten Mal in ihrem Leben, ohne sich ihrer Tränen zu schämen. Sie legte die Arme auf den Tisch und verbarg ihr Gesicht darinnen. Sie fühlte Ammas tröstende Hand auf ihrem Kopf und wollte sich nie wieder bewegen. Sie weinte lange, ohne ein Wort zu sagen. Endlich versiegte der Tränenstrom. Sie richtete sich langsam auf.

»Wer nicht genügt, ist immer schuld. Wer schuld ist, genügt niemals«, sagte Amma und sah ihrer Besucherin fest in die Augen. Diese nickte heftig. Amma sprach das aus, was sie ein Leben lang begleitete.

In neuen Wellen brachen Trauer und Wut und Schmerz über sie herein und wieder flossen erlösende Tränen.

Dann erzählte sie eine lange Geschichte. Wie sie geboren wurde – hinein in die unglückliche Ehe ihrer Eltern. Davon, wie der Vater ihr seine ganze Liebe gab, die er seiner Frau nicht mehr geben wollte. Davon, wie die Mutter unbemerkt beinahe zerbrach am Machtkampf mit dem kleinen Kind, das mit der ihm eigenen Kraft und Selbstverständlichkeit einfach in dieses Leben hineinwuchs. Davon, wie das Mädchen beinahe zerbrach am Kampf um ihr eigenes Leben, den sie mit der Mutter kämpfen musste, und unterlag im Kampf mit dem Vater, der ihr niemals die Freiheit geben wollte.

Sie sprach von ihrer Aufgabe, immer allen zeigen zu müssen, dass sie die Beste war – und wie sie das immer wieder schaffte, ohne jemals zufrieden zu werden. Sie erzählte von Männern, die sie angebetet, verletzt und beinahe dem Tod preisgegeben hatten. Von Kindern, die nicht hatten leben dürfen. Von der Schuld, nicht nur ihr eigenes Leben, sondern auch das Leben dieser Kinder verhindert zu haben. Sie sprach voll Dankbarkeit von Menschen, die sie liebten und von Momenten des Glücks. Diese Liebe sah sie und erkannte sie, aber die nährte ihr Herz nicht genug, um es zu heilen. Sie wusste: »Ich bin nicht genug. Ich bin schuld. Niemand kann mir die Schuld nehmen.« So endete sie ihre Erzählung und blickte Amma streng an.

»Ja«, sagte Amma, »Du hast eine strenge Richterin. Komm' mit mir hinaus.«

Die Sonne stand schon hoch am Himmel, als sie vor die Hütte traten.

Amma gab ihr einen Beutel, in den hinein legte sie fünf kleine Steine, die sie vom Boden auflas. Sie gab ihr außerdem ein Behältnis mit Wasser und etwas trockenes Fladenbrot. Beides legte sie ebenfalls in den

Beutel. Dann wies sie in die Richtung des Sonnenuntergangs. »Geh' dorthin. In der Dämmerung wirst Du in der Steppe einen Baum finden, der Dich schon von weitem ansprechen wird. Tut dort, was Du tun musst und sieh, was geschieht. Du musst keine Angst haben, Dich zu verlaufen. Die Tiere werden Dich begleiten.« Nach einem kurzen Segen drehte sich Amma ohne ein weiteres Wort um und ging nach hinten in ihren Garten. Im Weggehen hörte die Besucherin einen tröstenden, machtvollen Gesang, der sie lange, lange begleitete, ohne dass sie die Worte verstanden hätte.

Als sie eine Strecke gegangen war, hörte sie plötzlich leise Stimmen. Sie schaute sich um. Da war niemand. Erschreckt öffnete sie den Beutel. Die Steine darin sprachen.

Sie sprachen zu ihr.

»Wir sind Deine Kinder, die nicht leben durften«, sagte ein Stein. »Wir sind Deine Schuld«, sagte ein anderer Stein. »Wir sind Deine ungelebten Träume.« »Wir sind Deine Zwänge.« »Wir sind die Last Deiner Ahnen.« »Wir sind froh, dass Du uns endlich loslassen willst.«

»Ich weiß gar nicht, ob ich Euch wirklich loslassen will«, dachte die Frau zu ihrem eigenen Erschrecken.

»Stimmt«, sagte einer der Steine hörbar. »Du hast Dich daran gewöhnt, uns zu tragen und wagst es nicht, uns loszulassen. Wir möchten Dir etwas sagen. Möchtest Du uns hören, während Du weitergehst?«

»Aber ja«, dachte die Frau und schon sprachen die Steine weiter.

»Weißt Du, alles in diesem großen weiten Universum ist in Bewegung. Es gibt nichts, das still steht. Es ist wie Dein Atem, der unendlich fließt, ein und aus und immer wieder, so lange Du lebst. Alles ist in Bewegung. Auch wir Steine sind in Bewegung – genau wie ein Fluss oder das Meer oder der Wind über der Steppe. Du kannst es mit Deinen Menschenaugen nicht sehen – aber wir sind genau so in einer Bewegung wie Du, während Du gehst. Unsere Zeit ist nur unendlich viel langsamer als Deine. Das Leben ist ein ewiges Kommen und Gehen. Kein Leben geht je verloren. Wenn es an einer Stelle scheinbar zu Ende geht, entsteht es schon an anderer Stelle wieder. Machtvoll und vielfältig wie die Pflanzen und Tiere und Menschen sind. All das, was Du siehst, ist Leben. Die Erde, über die Du gehst, ist Leben. Alles ist eine Form des Lebens. Es gibt eine Urkraft des Lebens, die kann der Mensch nicht auslöschen, so sehr er sich auch darum bemüht.«

Die Steine schwiegen für eine Zeit, damit die Frau Gelegenheit hatte, darüber nachzusinnen.

Dann fuhren die Steine fort: »Alles kommt und geht. Das ist der Gang. Nichts geht verloren. Was hier geht, kommt dort wieder zum Vorschein. Die Form ist nicht wichtig. Es ist einfach da.

Du bist einfach da. Amma ist einfach da. Die drei bunten Vögel über Dir sind einfach da. Das Gras, die Erde, alles ist einfach da. Weil alles kommt und geht, unabhängig von der Form, gibt es für uns auch nicht so etwas wie richtig und falsch, es gibt nur: Sein.«

Die Frau sah über sich – tatsächlich – da oben im Himmel flogen drei lachende, schreiend bunte Papageien, die nun wirklich nicht in die Steppe gehörten – aber die Vögel schienen ihren Spaß daran zu haben.

Die Stimme des nächsten Steines war traurig. Es war der Stein der Kinder, die nicht hatten leben dürfen. »Es gibt nur eine Macht auf Erden, die den Fluss des Lebens bremsen kann. Über diese Macht verfügen unter allen Wesen auf der Erde nur die Menschen. Das ist der Wille des Menschen. Wenn der Mensch mit seinem Willen etwas nicht gehen lassen will, etwas festhält, dann kann es sich nicht mehr frei bewegen. Das ist wie mit den Tieren, die Ihr Menschen züchtet und in

Ställe sperrt, statt sie frei laufen zu lassen, oder den Flüssen, die Ihr in Kanäle zwingt oder den anderen Menschen, die Ihr nicht freigeben könnt, wenn eine Liebe ihr Ende gefunden hat. Was Ihr bindet, das ist gebunden. Was Ihr freigebt, das ist frei. Das steht auch in Euren heiligen Schriften. Wenn Ihr etwas bindet, dann kann es sich nicht mehr frei entfalten, kann keine neue Form finden, kann nicht mehr in das hinein wachsen, wofür es eigentlich gedacht war. Manchmal ist es unendlich schwer, etwas frei zu geben.«

Wieder schwiegen die Steine.

Die Frau ging weiter über die Steppe. Sie dachte nach über die Worte der Steine. Es stimmte. Sie lebte, seit sie denken konnte, mit einem tiefen Wissen, nicht gut genug, irgendwie nicht richtig zu sein. Wut, Traurigkeit, Schuld nagten an ihr. Sie hielt sich fest an ihrer Schuld und ihren verlorenen Kindern. Dann war da noch das Wissen um die Eltern, die ihr nicht alles hatten geben können, was ihr heilsam und stärkend gewesen wäre. Und doch war sie da, ging jetzt mit einem Beutel sprechender Seine über eine unbekannte Steppe und schaute verrückten Papageien zu, die über ihr im wolkenlosen Himmel kreisten. Etwas war in Bewegung geraten, wollte sich klären und lösen. Warum sonst war sie vor langer Zeit losgewandert und hatte ziellos viele Monate lang das Land durchstreift? Etwas hatte sich lösen wollen.

Die Steine sprachen weiter.

»Wir möchten, dass Du uns heute loslässt. Uns alle. Wir möchten, dass Du uns der Erde und dem Wind übergibst, damit wir wieder mitspielen können im allgegenwärtigen Fluss des Lebens. Wir möchten, dass Du uns, Deine Kinder, mit Liebe loslässt. Solange Du Dich strafst mit Deinen Schuldgedanken, können wir nicht weitergehen. Das hält uns fest. Wir brauchen Dein Loslassen und Dein Vertrauen in die unendliche

Macht des Lebens, um endlich weiterreisen zu können. Gib uns frei, damit wir alle wieder atmen können und auch Du wieder atmen kannst. Möchtest Du das?«

Die Frau schwieg und ging weiter und nickte endlich.

»Wir möchten«, sagten die Steine, »dass Du heute auch Deine Schuld loslässt. Lass sie fliegen, damit aus ihr Kraft für Neues entstehen kann. Freigegebene Schuld lässt in der tiefsten Wüste die wunderbarsten Blumen wachsen. Möchtest Du das?«

Die Frau schwieg und ging weiter und nickte endlich.

»Wir möchten«, sagten die Steine, »dass Du Deine begrabenen Träume befreist und Dich wieder in den Fluss des Lebens stellst. Möchtest Du das?«

Die Frau schwieg und ging weiter und nickte endlich.

»Dein Leben sei wie ein Atem – und eine unendliche Erfahrung von dem, was gerade ist. Wir möchten, dass Du auch die Lasten ablegst, die Dir Deine Ahnen aufgelegt haben. Du musst sie nicht weiter tragen und kannst damit auch die Seelen Deiner Ahnen befreien. Möchtest Du das?«

Die Frau schwieg und ging weiter und nickte endlich.

»Wir wissen«, sagten die Steine, »es wird Dir beinahe unmöglich vorkommen, uns alle loszulassen. Wir sind all das, woran Du Dich über viele Jahre lang festgehalten hast. Wir wissen, dass Du große Angst hast vor dieser unglaublichen Lebenskraft, die Du in Dir aufwachsen spürst. Du weißt selbst, da ist etwas wie die Kraft eines starken, wilden Tieres, die in Dir ist.

Wir versprechen Dir – es wird viel leichter sein, als Du jetzt glaubst. Möchtest Du uns die Freiheit geben? Möchtest Du das?«

Die Steine schwiegen.

Die Frau ging weiter. Noch nie hatte sie daran gedacht, dass sie mit ihren Gedanken nicht nur den Fluss ihres eigenen Lebens hemmte, sondern den Fluss des Lebens überhaupt. Fast wollte sie diesen Gedanken als eine weitere Schuld ansehen und schon wurde ihr Schritt müde und schleppend, als sie merkte, dass sie mit dem Loslassen ihrer Gedanken ja wirklich etwas Wunderbares erreichen konnte. Sie konnte dem Leben helfen, indem sie losließ.

Noch viel dachte die Frau, als sie so weiterging. Wie die Gedanken an Schuld und Ungenügen und Wut und Trauer ihr lange Jahre auf eine merkwürdige Art sogar Halt gegeben hatten und sie deswegen viel Gutes getan hatte.

»Ja«, murmelte es aus dem Beutel, »Du hast Dich angestrengt und viel Gutes getan – um Deiner Schuld zu entrinnen, um etwas gut zu machen, zu heilen. Das ist gut und hell. Aber es wäre schön, wenn Du auch das loslassen würdest. Das Anstrengen, das Gutsein, das Heilen. Du musst nicht heilen, was längst heil ist. Du musst nicht heilen, was nur freigelassen werden möchte, damit es fliegen kann. Möchtest Du all das freilassen, was war?«

Die Frau schwieg und ging weiter und nickte endlich.

»Übrigens – siehst Du die verrückten Papageien da oben?«, fragten die Steine. »Erinnern sie Dich an etwas?«

Die Frau sah nach oben. »Wie spielende Kinder«, dachte sie. Die Steine kicherten.

Endlich sah die Frau von ferne einen riesigen Baum stehen. Hoch ragte er auf über der Savanne. Ein Baum, der dort ganz und gar nicht hingehörte. Voll leuchtend roter Blüten stand er und eine Wolke wundervollen, frischen Dufts schwebte um ihn über das karge Land.

Sie brauchte lange, um den Baum zu erreichen.

Als sie sich an seinem Stamm niedersetzte, begann es gerade zu dämmern. Sie nahm einen Schluck Wasser und aß ein wenig von dem Brot. Beides schmeckte köstlich. Sie hörte, wie die Blätter über ihr wisperten.

»Wirf die Steine hoch...!«

Die Frau hörte es, wunderte sich...

»Du musst uns hochwerfen, wenn Du das Alte loslassen willst«, sagten die Steine aus dem Beutel. »Wirf Deine Last nach oben, damit sie sich verwandeln kann.«

Die Frau schwieg eine Zeit.

Es war deutlich: Wenn sie jetzt die Steine nach oben warf – dann war das ein Zeichen, dass sie all das, was ihr Leben so viele Jahre lang geprägt hatte, loslassen würde. Was würde danach kommen?

»Vertrau'«, wisperten die Blüten. »Probier' es aus«, sagten die Steine. »Schlimmer kann es auch nicht kommen, als Du es kennst. Es ist vielleicht einen Versuch wert.«

Die Vögel lachten und balgten sich im Geäst.

Da nahm die Frau die kleinen Steine aus dem Beutel und wog sie in der Hand. Sie sahen aus wie ganz normale Steinchen, wie sie überall liegen.

Die Frau holte tief Atem: »Meine Kinder, meine Schuld, die Last meiner Ahnen, meine Zwänge und meine Sehnsucht und alle meine Anstrengung werfe ich jetzt in den Himmel. Alles sei frei und im Fluss mit dem Leben, das alles durchdringt!«

Mit einer kräftigen Bewegung warf sie alle Steine gleichzeitig nach oben, über sich ins Geäst.

Und das Unglaubliche geschah: Die Steine blieben oben. Es war, als würden die Zweige sie auffangen. Viele neue, leuchtende Blüten entstanden im Handumdrehen am Baum. Sie stand und starrte auf das Wunder, das sie da sah. Aus Steinen wurden duftende Blüten. Sie stand lange und schaute ohne einen Gedanken nach oben. Es war fast so, als hätte dieser eine Wurf ihr Denken ausgelöscht.

»Die Himmel danken Dir. Deine Kinder danken Dir. Deine Zukunft dankt Dir. Komm, es ist Zeit zu gehen!«, sagte da eine raue Stimme hinter ihr. Sie erschrak bis ins Mark.

Als sie sich umdrehte, stand dort ein riesiger, silberner Wolf, der sie aus unergründlichen Augen anschaute. Der Atem stockte ihr. Das Tier war bedrohlich und unbesiegbar, wie es da vor ihr stand. Sie wäre ohne jede Chance, wenn es sie angriffe. Der Wolf blieb ruhig stehen und schaute sie unverwandt an. Sie merkte, wie ihre Angst langsam verging und atmete laut und vernehmbar aus. Aus ihrer Angst wurde Vertrauen. »Ich bringe Dich zurück«, sagte die Stimme des Wolfs in ihrem Kopf. Ohne ein weiteres Wort drehte sich das große Tier um und lief voraus.

Sie folgte ihm über die mondbeschienene Steppe.

Bald ließ sich das Wolf von ihr einholen und ging so dicht neben ihr, dass sie seine große Kraft und Gelassenheit spüren konnte. Sie fühlte keine Müdigkeit mehr. Im Gehen gewann sie Kraft. Es war, als übertrüge der Wolf ihr einen Teil seiner Stärke, ohne selbst auch nur im Geringsten an Kraft zu verlieren. Schritt um Schritt. Sie musste nichts mehr planen oder gut machen oder tun. Es war genug, einfach da zu sein. Ihre Bewegung wurde immer selbstverständlicher und sie spürte, wie sich im ganzen Körper uralte Verspannungen lösten. Der Nacken, der Hals, die Brust, das Becken, die Beine – alles fühlte sich immer freier an, je weiter sie gingen. Eine Woge tiefen Glückes und tiefer Lebenslust wuchs in ihr auf, sodass sie plötzlich ungestüm lachen musste. Ihr Lachen hallte weit über die lautlose Steppe. Sie fühlte sich wie die Wolfsfrau. Schließlich verfiel sie ohne jede Mühe in einen leichten Trab, der ihr plötzlich viel angenehmer zu sein schien als normales Gehen. All ihre Sinne wurden wach auf eine Weise, wie sie noch nie wach gewesen waren. Sie war ganz in ihrem Leib und spürte glücklich ihre Muskeln, ihre Atmung, ihren ganzen Körper. Sie roch die Steppe. Sie roch den Wolf, sie fühlte das Pulsieren der Erde unter ihren Füßen. Sie atmete die Weite des Landes. Sie hörte im Wind das beruhigende, unendliche Murmeln des Lebensflusses. Sie hörte Ammas Lied, das sich verwob mit dem Gesang der Sterne über ihr.

Sie ging durch die ganze Nacht. Es war ihr leicht. Es gab keine Fragen mehr. Was kommen würde, würde kommen. Mehr war nicht zu tun, als eben jetzt hier durch die Steppe zu ziehen an der Seite dieses Tieres, das ihr seine Kraft schenkte. Eine Kraft, die schon immer in ihr selbst gewesen war. Sie fühlte sich wie neugeboren. Die Aufgabe war nicht, die Geschichte zu erforschen, zu leiden, zu klären. Es reichte ihr, einfach da zu sein. Sie wusste, dass neue Fragen kommen würden. Sie wusste auch, dass sie jederzeit zurückkehren konnte in die Steppe. Die Wölfin in ihr und der Wolf würden da sein. In jedem Moment.

Der Wolf blieb an ihrer Seite.

Endlich erreichten sie Ammas Hütte. Amma stand im Mondlicht und strahlte ihnen entgegen. »Willkommen. Ihr kommt zur rechten Zeit, Du und Dein Wolf. Setzt Euch her, esst und trinkt und lasst uns den Morgen begrüßen.«

Beide Wanderer bekamen etwas von dem nahrhaften Brot und frisches Wasser.

Dann setzten sie sich und schauten in vollkommener Stille dem aufgehenden Tag entgegen, der dort im Osten in einem glutroten Lebensball über der Steppe erschien.

Vögel flogen auf und strebten in einem großen Schwarm dem hellen Licht entgegen.

Es war, als wäre dies der erste Morgen der Schöpfung.

Die Sternenanzünder

Einmal kam zum alten Mann eine ganze Gruppe von Menschen. Sie traten in sein kleines Haus und setzten sich zu ihm auf die Bank in der Stube. Sie erzählten ihm aus ihrem Leben. Sie erzählten dem alten Mann dieselben Geschichten, wie Du und ich sie auch erzählen können. Wie Du und ich erzählten sie dem Alten vor allem davon, wie schwer es ist, einander zu verstehen und einander weiter zu bringen.

Der alte Mann saß und sah.
Er sah genau und hörte.
Er hörte genau und fühlte.
Er fühlte genau und roch.
Er roch genau und schmeckte.
Er hörte, wie es seine Art war zu hören.
Er hörte, saß lange und schwieg.

Dann nickte der alte Mann freundlich und begann, eine kleine Geschichte zu erzählen:

Vor langer Zeit, als die Menschen noch spürten, wie sich die Erde durch das Weltall dreht, lebte in einem fernen, fernen Land das Volk der Sterngucker.

Das war ein merkwürdiges Volk. Den Tag über taten sie alle Arbeiten, die für das Leben wichtig sind. Sie pflügten und bebauten das Land. Sie ernteten und freuten sich über gutes, duftendes Brot. Sie bauten Häuser und Schulen. Sie zeugten Kinder, gebaren sie und zogen sie liebevoll und in Freiheit groß. Alle diese Arbeiten sind auch uns wohl bekannt.

Nur eine Arbeit kennen wir nicht und das war die Wichtigste von allen. Jede Nacht traf man die Sterngucker draußen an. Sie standen in den Gärten, auf der Straße, auf den Balkonen ihrer Häuser und schauten in den Himmel.

Jeder Sterngucker schaute dabei auf eine ganz bestimmte Region des Himmelszeltes und zählte die Sterne. Sie alle waren fröhlich und ernsthaft bei der Sache. Selbst bei Regen und Wind taten sie diese Arbeit, denn ihre Augen waren so scharf, dass sie mit ihren Blicken sogar den dichtesten Nebel durchdringen konnten. Sie schauten gerne in den Himmel, denn jeder Stern leuchtet für ein Lebewesen. Und jedes Lebewesen kann durch sein Leben einen Stern zum Leuchten bringen.

»So lange Dein Stern leuchtet, so lange wirst Du mit der Welt in Frieden leben können«, lernten die Kinder in der Schule. Sie lernten auch, dass es wichtig ist, die Sterne zu zählen. Oder doch mindestens, so zu tun, als wollte man sie zählen. Damals merkten die Sterne noch gut, wenn man sie sah. Zum Dank schickten sie Frieden und Licht zu den Menschen.

Das ging viele, viele Jahre so. Die Sternengucker lebten in großem Frieden. Durch ihren scharfen Blick und durch ihre Art, die Sterne zu zählen, wussten sie viele Wege, einander und die Welt zu verstehen. Reisende kamen in das Land, um sich von den ewigen Kriegen überall zu erholen. Sie kamen, um selbst zu lernen, wie man die Welt besser verstehen kann. Die Sternengucker brachten ihnen gerne alles bei, was sie wussten: »Sei Teil der Welt der Sterne«, sagten sie. »Sieh' das Licht der Sterne in jedem Menschen.« »Wenn Du das Leuchten in einem anderen Menschen siehst, wirst Du ihn verstehen. Manchmal ist das Leuchten versteckt. Suche es und wecke es auf. Die Sterne helfen Dir.« Die Sterngucker waren große Künstler darin, alle Menschen zum Leuchten zu bringen und ihre Schönheit aufscheinen zu lassen.

So lebten sie in Frieden. Viele, die zu ihnen kamen, fanden selbst Frieden oder wussten wenigstens um den Weg dorthin.

Dann aber, eines Tages, zog eine dichte, schwarze Wolkendecke über das Land. Nichts konnte sie durchdringen. Nicht die scharfen Augen der

Sterngucker, nicht technische Geräte, nicht der hellste Sternenglanz. Die Mächte der Dunkelheit hatten beschlossen, das Land zu erobern. Tagelang, wochenlang lag das Land der Sterngucker unter den Wolken. Die Menschen versuchten verzweifelt, einen Blick auf die Sterne zu erhaschen. Es gelang ihnen nicht. Sie wurden traurig. Immer mehr Sterngucker gaben es auf, nachts hinaus zu gehen und nach den Sternen zu sehen. Sie vergaßen sogar, wie sie einander zum Leuchten bringen konnten. Sie verstanden einander nicht mehr. Sie waren wie alle Menschen. Sie wussten bald nicht einmal mehr, was ihnen fehlte. Stattdessen stritten sie sich und wussten oft nicht einmal mehr worüber. Sie konnten nur noch das Dunkle sehen.

Dann, als nach vielen Wochen und Monaten die Wolkendecke wieder verschwand, schauten sie nur kurz in den Himmel und zuckten mit den Schultern. Sie hatten alles vergessen. Sie sahen nicht einmal, dass viel weniger Sterne am Himmel waren als früher. Der Sieg der Dunkelheit war vollkommen. Es war dunkel geworden im Land. Fast überall.

Ein kleiner Junge und eine alte Frau waren Sterngucker geblieben. Der Junge hatte jeden Abend die Großmutter gefragt: »Wie ist das mit den Sternen, Großmutter?« Und die Großmutter hatte ihm erzählt, was sie wusste. Sie saßen dort in ihrem kleinen Haus abseits der Stadt und warteten auf die Sterne. Sie vergaßen nicht die Kunst, einen anderen Menschen zum Leuchten zu bringen. Täglich übten sie sich darin.

Als die Wolkendecke endlich, endlich fortgezogen war, freuten sie sich über alle Maßen. Wie erschraken sie aber, als sie sahen, dass viele Sterne fehlten! »Junge«, sagte die Großmutter, »Du musst die Menschen zum Leuchten bringen. Für jeden Menschen, dem Du hilfst, den Weg zu sich selbst und zu seinen Mitmenschen zu finden, wird irgendwo am Himmel ein neuer Stern aufleuchten. Das ist Deine Arbeit.«

Und der Junge ging fort und begann seine wundersame Arbeit zu tun. Achtsam und sorgfältig suchte er das verborgene Leuchten in den Menschen und weckte es auf. Es dauerte lang, bis er darin zum Meister wurde. Das Leuchten ist manchmal schwer zu finden. Aber es ist immer da. Manchmal dauert es lang, bis es aufscheinen kann aus Angst und Sorgen und verdrehtem Leben. Jedesmal aber, wenn der Junge einen Menschen zum Leuchten brachte, erschien auch am Himmel ein neuer Stern. Die Großmutter hatte recht gehabt. Der Junge hatte große Freude an seiner Arbeit. Manche Menschen ließen sich von dem Jungen anstecken und wurden selbst wieder zu Sternenguckern. Sie helfen nun mit, dass auch andere wieder leuchten können. Achtsamkeit und Vertrauen weisen ihnen den Weg.

Der Junge ist inzwischen alt geworden. Immer noch tut er seine Arbeit, aber es gibt jetzt immer mehr neue Sternengucker. Manche von ihnen sind Meister darin, anderen den Weg zu einem guten und achtsamen Leben mit sich selbst und anderen zu weisen.

All diese Sterngucker haben ein kleines Zeichen, woran sie einander erkennen. Sie lassen manchmal in Dir und mir und manchmal am Himmel die Sterne aufleuchten, sodass viele es sehen.

Der alte Mann schwieg.

Seine Gäste schwiegen. Lange war es still im alten Holzhaus. Leise flackerte das Licht der Kerze auf dem Tisch. »Und jetzt«, sagte da der alte Mann, »geht und leuchtet auch Ihr.« Und er gab ihnen allen ein kleines, funkelndes Licht in die Hand. Jedem Mann und jeder Frau eines.

Und seine Gäste gingen hinaus und brachten durch ihre Arbeit die Sterne am Himmel zum Leuchten.

Danksagung

An diesem Buch haben indirekt und direkt viele Menschen mitgearbeitet. Ihnen allen möchte ich danken.

Seit meiner Kindheit begleitet mich Johann Peter Hebel mit seinen wunderbaren Geschichten und alemannischen Gedichten. Von Professor Walter Hollenweger in Birmingham habe ich gelernt, dass Geschichten Brücken sein können über viele Kulturen hinweg. Dr. Lettie Stuart in Freetown, Sierra Leone, hat mir trotz ihres biblischen Alters mit jugendlicher Begeisterung viele afrikanische Geschichten erzählt und erklärt und mich beinahe süchtig danach gemacht. Ich danke all den Lehrern und Lehrerinnen, die mich in der uralten Kunst des Jin Shin Jyutsu unterwiesen haben und mir dabei über das Kennenlernen des Körpers ein tiefes Verständnis für die Vorgänge in der menschlichen Seele vermittelt haben.

Vor allem danke ich all den Menschen, mit denen ich diese Geschichten entstehen lassen durfte. Viele Männer und Frauen haben mir ihre Sehnsüchte und Nöte erzählt und mir die inneren Bilder geschenkt, die dann die Grundelemente meiner Geschichten wurden. Ich brauchte dann nur noch eine Geschichte erfinden. Aber das taten die Geschichten ohnehin von selbst. Ich musste sie nur noch erzählen. Und dann? Dann waren es nicht mehr meine, sondern die Geschichten meiner Zuhörer und Zuhörerinnen. Ohne sie gäbe es dieses Buch nicht. Ihnen allen und allen anderen Helfern und Helferinnen bin ich zu größtem Dank verpflichtet.

Krischan Johannsen, Waldenbuch